新时代传媒创新书系

智媒时代
中国交通广播发展研究

高永亮 主编

中国传媒大学出版社
·北京·

前　言

　　交通，是连接人与人、人与物、人与信息、人与服务的重要手段和纽带，是经济运行中不可或缺的重要元素。交通广播，是连接用户、交通系统和广播内容的重要媒介。1991年，中国内地第一家交通广播——上海人民广播电台交通信息台的成立，开启了交通广播事业的大门。经过近30年的发展，全国各地交通广播已有200余家。随着经济社会发展，交通广播在交通疏导、应急传播、公共服务、公益慈善等方面的作用日益凸显，取得了令人瞩目的社会效益和经济效益。随着传媒技术的进步，交通广播媒体融合深入推进，智能化水平日益提升，产业模式不断创新。与此同时，传媒格局也发生深刻变化，交通广播在内容生产与传播、广告创收、经营管理等方面正面临一系列挑战，如听众被分流、广告收入下滑、路况信息资源优势不再明显等。面对挑战，交通广播要主动转型，迎难而上，适应新时代及新媒体环境所赋予的新动力和新趋势，积极探索融媒体、全媒体建设，不断展现新气象、新作为。

　　社会责任感和历史使命感推动交通广播媒体奋力前行，在全媒体时代不忘初心、牢记使命，传播优质内容、发出主流声音。交通广播充满生命力，敢于尝试和跨界、善于调整和变通，在未来发展中，更要以良好的状态去拥抱新技术，明确媒体属性和责任，做好内容的供给侧结构性改革。"花繁柳密处拨得开，风狂雨急时立得定。"身处媒体融合的时代潮流中，交通广播要因势而谋、应势而动、顺势而为，不断增强本领，在新闻宣传工作中提升"脚力、眼力、脑力、笔力"，唱响主旋律，传播正能量，不断提高主流媒体的传播力、引导力、影响力和公信力。

　　本书简要梳理了交通广播的发展轨迹、现状、面临的问题和挑战以及对策和建议，从交通广播帮扶类节目、公益活动和广播品牌方面开展专题研究，并结合各地交通广播实践对媒体融合、整合营销、智慧交通等方面进行深入探讨，既有历史回顾又有现实观照，既有实践总结又有理论探讨，既有宏观研究又有个案分析，以期为广电主管部门及交通广播媒体管理者制定相关决策提供参考，也可供广电媒体从业人员、高等学校及研究机构广电专业师生教学、科研、学习参考。

　　随着大数据、人工智能、物联网、5G、区块链等新兴技术的不断发展和广泛应用，传媒格局、舆论生态、传播方式正在发生前所未有的深刻变革，许多现实问题还有进一步探讨的空间，希望未来能够在关于融媒体、全媒体时代交通广播发展、人工智能与交通广播节目创新及产业拓展等方面开展更丰富、更深入的研究。

本书编写组
2019 年 3 月

目录

第一编 智媒时代
中国交通广播的发展现状、问题及对策建议

第一章　中国交通广播的出现及发展历程 / 2

第二章　中国交通广播发展现状 / 8

第三章　中国交通广播发展面临的问题和挑战 / 11

第四章　中国交通广播发展对策建议 / 16

第二编 智媒时代
中国交通广播发展专题研究

第五章　中国交通广播帮扶类节目研究 / 24

第六章　中国交通广播公益活动研究 / 71

第七章　中国交通广播品牌研究 / 114

第三编 智媒时代中国交通广播个案研究

第八章　北京交通广播：新媒体环境下直播互动类广播节目的生存策略　/ 146

第九章　上海交通广播：和人民同频，与时代共振　/ 150

第十章　羊城交通广播：浅析媒体融合变革下广播娱乐节目的多平台互动　/ 152

第十一章　贵州交通广播：融媒体环境下传统广播的多渠道发展思考　/ 157

第十二章　楚天交通广播：用"行动"寻找广播转型发展的答案　/ 165

第十三章　河北交通广播：万变不离媒体融合，扎实做好内容深耕　/ 173

第十四章　辽宁交通广播："杀价帮"，一个多赢的整合营销案例　/ 182

第十五章　青岛交通广播：智慧交通发展中城市交通广播不可缺位　/ 190

后　记　/ 195

第一编 智媒时代中国交通广播的发展现状、问题及对策建议

第一章 中国交通广播的出现及发展历程

交通,是连接人、货物和服务的重要手段,是城市和农村经济活动日常运转不可或缺的重要元素。交通广播,是连接用户、交通系统和无线电广播内容的重要媒介。我国交通广播的发展与机动车保有量的迅速增长密不可分。根据公安部交通管理局 2019 年 1 月发布的信息显示,截至 2018 年底,全国机动车保有量已达 3.27 亿辆,其中汽车 2.4 亿辆,比 2017 年增加 2,285 万辆,增长 10.51%。全国有 61 个城市的汽车保有量超过百万辆,27 个城市超过 200 万辆。机动车驾驶人数达 4.09 亿人,近五年年均增长量超过 3,000 万人,其中汽车驾驶人数 3.69 亿人。庞大的汽车数量和驾驶人数体现着交通广播收听市场的巨大价值。从 CSM 媒介研究权威发布的 2018 年上半年重点城市广播收听市场概况来看,广播的车内人均收听时长从 2013 年的 19.17 分钟增加到 2018 年上半年的 20.13 分钟,而车内收听量占比则从 2013 年的 24.25% 增加到 2017 年的 34.03%,车载收听的重要程度日益凸显。

自 1991 年中国内地第一家交通广播——上海人民广播电台交通信息台成立以来,经过初创、成长、发展、壮大近 30 年的发展历程,如今,全国各地的交通广播已有近 200 家。作为我国深受城市交通管理部门支持和听众欢迎的特色类型化广播频率,交通广播不仅与交通部门联合为汽车用户提供了路况信息、新闻资讯等内容,还做了大量推动交通安全宣传、提高百姓交通安全意识、提升文明出行素养的服务工作。并在媒介融合的大趋势下,依靠先进的大数据技术、新媒体技术和人工智能技术加持,使广播形态更加多样、广播内容更加丰富、广播传播范围更加广泛。可以说,交通广播已经成为我国传媒界"最有活力、最有影响、最有品质、最有思想"的主流媒体传播机构之一。

改革开放40多年来,开放的大门越开越大,创新的维度越来越高,科技的发展日新月异,创意的空间层出不穷,以建立和完善社会主义市场经济体制为主要标志的社会变革引发了政治、经济、文化等各领域的深刻变化,也为广播事业的发展创造了良好的生态环境。国家新闻出版广电总局发布的《2017年全国广播电视行业统计公报》显示,2017年广播广告收入155.56亿元,比2016年(145.83亿元)增加9.73亿元,同比增长6.67%,连续数年广告收入的逆势上扬,让广播这一传统媒体不断焕发出新的光芒,也让针对广播的研究更加深入和丰富。纵观交通广播近30年的发展历程,我们大致可以将其分成如下三个阶段。

一、创立与成长阶段(1991—2000)

1990年,党中央、国务院做出决策开发、开放上海浦东。在重振发展、再现辉煌的重要机遇期,上海却面临"行路难、行车难、交通堵塞疏导难"的交通难题。当时,上海的机动车保有量是22万辆,且存在持续上涨的势头,面对改革开放的新机遇,上海市政府大力进行道路等基础设施建设,欲从根本上解决上海交通路况拥堵的问题,使之适应经济的急速发展。然而,在短时间内这些基建工程却使当时路况拥堵情况加剧,以致出现了"骑自行车比乘汽车快,甚至有的路段乘车不如走路快"的现象。

道路的堵塞严重影响了市民的生活、出行,也阻碍了上海经济的发展。在这一形势下,上海市委市政府决定开设交通信息广播,以便在硬件建设一时无法到位的情况下,通过广播的办法引导交通出行,缓解交通拥堵。1991年9月30日,上海人民广播电台交通信息台开播,频率为648千赫,节目宗旨为"缓解交通,方便市民"。自此,行进在上海大街小巷的司机和市民都会在清晨听到一个亲切的声音:"欲知出门事,请听648。"开播之初的交通信息台全方位报道上海的交通状况,上海交通指挥中心随时为电台提供各类突发交通事故情况,最快时在10秒钟内听众即可得到消息,充分发挥了广播传播迅速的优势。

进入20世纪90年代,中国改革开放向更深层次发展,而社会环境的变化必然影响着媒介变革。1993年有五家广播电台相继开播了交通频率:河南交通广播于1993年3月20日开播,羊城交通台于1993年7月30日开播,黑龙江交通广播于1993年8月28日开播,北京交通广播于1993年12月18日开播,南京交通台于1993年开播。随后从1994年起,一些省级电台和地市电台如河北、湖北、湖南、浙江、天津、太原、青岛、常州等都相继开办了交通广播。据不完全统计,截至2000年,全国各地的交通广播频率已达40多家。在这一时期,中国交通广播阵营迅速壮大。1995年8月,中国广播电视协会交通宣传委员会在哈尔滨成立,会员单位遍布各省、自治区、直辖市交通广播电视播出机构,作为行业组织,联动引领各地交通广播。广播节目日渐丰富,信息技术的发展还让各地交通广播纷纷采用双频率、双直播室,实行全天候24小时数字化播出。而国家实施的家庭轿车发展战略让汽车保有量迅猛增加,也为交通广播的发展创造了良好背景。经过几年的探索,各地交通广播在受众定位和频率经营上积累了一定的经验,市场影响力不断壮大,利用自身优势开展多元化经营的探索也取得了一定的成果。此外,这一时期的交通广播还积极参与各项社会事务,比如由湖南交通广播于2000年发起的"爱心送考"活动,至今已在全国百余座城市扎根,惠及千万考生。

二、发展与挑战阶段(2001—2011)

随着市场经济的逐步确立,交通事业在城市中的作用愈发显著,而交通广播在城市交通和应急信息传递等方面体现的突出作用,也引起了政府和社会的高度关注。国家新闻出版广电总局将2003年定为"广播发展年",2004年又推出"广播的数字化和产业化"发展理念,让广播"频率专业化"建设步伐不断加快。而各地交通广播和当地交管部门建立的合作关系,也让交通广播获得了发布交通信息的权威渠道。此外,交通广播还积极发展自己的路况信息采集队,依靠社会力量办广播,请出租车司机担任自己的动态交通信息员。在城市公共服务方面,这一时期的交通广播对帮扶类节目加大了开发力度。创办于 2011 年的河北交通广播《992 大家帮》栏目首创"应急帮、危困帮、维权帮、公益帮"四大帮扶板块,传播"大家帮助大家""行动改变社会"的精神,为百姓提供全方位服务。节目创办以来,影响力迅速提升,不仅荣获第 24 届中国新闻奖"中国新闻名专栏"、2014 年度全国广播电视创新创优栏目,更为其他地区的交通广播树立了榜样。在此之后,诸如上海交通广播《1057 大家帮》、湖北私家车广播《1078 大家帮》、黑龙江交通广播《998 大家帮》等以"帮"命名的交通广播帮扶类节目如雨后春笋般迅速壮大。日臻完善的道路信息广播和不断丰富的公共服务内容使交通广播在"频率专业化"的道路上一路领先其他类型频率。在取得一系列社会效益的同时,交通广播不断寻找新出路,谋求社会效益和经济效益双赢的效果。一方面,通过优质内容和广泛影响力不断吸引广告商的注意,提升广告收入。据《2011 年中国传媒产业发展报告》显示,2010 年全国广播总收入 96.3 亿元,与 2009 年相比同比增长 34%。这其中,交通广播广告收入达到 28.9 亿元,占广播总收入的 30%,且连续六年保持高速增长态势。另一方面,交通广播谋求多元化经营,综合开发及再利用自身资源,在广告领域以外实现跨媒体的多元创收。例如,江苏交通广播率先打造了第一份由广播媒体制作的具有专业水平的汽车生活类月刊《车·生活》,北京交通广播在依托自身资源和影响力的基础上打造了《百姓 TAXI》等。另外,交通广播通过举办文艺演出、捐资助学活动、警民联欢会、车展等各种大小活动,为促进社会文明和经济发展做出了有益贡献。

时代的发展给交通广播带来了广阔的发展前景的同时,也形成了残酷的竞争环境。从 2002 年 9 月上海成为全球第二个普及移动电视的城市起,全国各大城市的公共交通工具陆续开通移动电视,广播"移动性""伴随性"的垄断由此被逐渐打破。此外,随着网络技术和信息技术的不断发展,随身听、移动互联网、社交媒体、车载导航、手机地图、智能手机等新技术、新媒体也分流了部分听众,过去被广播占据的"无竞争空间"遭到各方瓜分,民众获取信息和资讯的方式有了极大改变。

三、转型与复兴阶段(2012年至今)

2012年被称为"新媒体元年",面对新媒体的不断冲击,传统媒体不断寻求突破壁垒。2013年,移动互联网成为新焦点。互联网由窗口变成引擎,从PC转成手机,加之工信部4G牌照的正式发放,让移动互联网的发展正式迈入高速时代。与此同时,随着国家一系列宏观调控政策的实施,中国经济增长速度放缓,广播媒体产业规模伴随着经营创收结构和模式的调整也出现了增幅减弱的态势,广播广告全年刊例收入增长不足4%,广告空间继续呈现下行调整趋势。在此形势下,广播收听市场也受到一定程度的影响。根据赛立信媒介研究在国内70个城市的收听率调查结果,2013年整体广播接触率为59.5%,与2010—2012年相比略有回落。

收听市场的变化推动着广播行业的变革,听众结构的改变也赋予了广播转型新的机遇。《2013年中国广播市场研究报告》显示,2013年35岁以下中青年听众较2012年增加了1.5个百分点,占比达到44.3%,个人月收入在10,000元以上的广播听众增加了一倍以上。这充分说明车载移动收听终端以及智能移动收听终端的广泛应用,不仅改变了广播听众的年龄结构,使广播听众更加年轻化,也使广播听众的收入结构得以改善,进一步提升了广播媒体的市场价值。

新的媒介格局加速了交通广播的产业转型,在媒介融合的浪潮中,交通广播人迎难而上,积极进行融媒体的探索。例如,贵州交通广播从2018年开始实施"阳光952"客户端计划,力图通过该客户端在本地建立以银联金融支付为核心的商业运营模式,"使其成为广播听众在本地生活中可以使用的最便捷、最有品质、最有保障的综合性应用平台"。此外,其与福建省广播影视集团合作推广的"广电+车联网"产业项目,在现有云后视镜的基础上,通过语音实现与广播直播节目的互动,大大增强了节目的互动、传播效果。新的媒体环境赋予了交通广播新的生命力,国家新闻出版广电总局发布的《2017年全国广播电视行业统计公报》显示,2017年全国广播节目制作时间788.83万小时,比2016年(782.03万小时)增加6.80万小时,同比增长0.87%,广播广告收入155.56亿元,比2016年(145.83亿元)增加9.73亿元,同比增长6.67%。CTR媒介智讯的数据也显示,2018年上半年广播硬广告的发展表现稳定,并相对于2015—2016年的增速低谷有所回升。正如中国广播电视社会组织联合会(后文简称"中广联合会")会长在首届上海广播节上所说的那样,"互联网的发展给广播的发展插上了腾飞的翅膀,广播要更多地走上创新的道路。"新时代里,交通广播正在迅速适应新媒体环境的变化趋势,不断升级技术、不断翻新服务,为更好地服务社会经济和民生生活而努力。

第二章 中国交通广播发展现状

受媒体形势影响,交通广播近年来积极调整发展策略,在融媒体报道、新媒体运营以及新兴产业与传统广播的融合上表现突出,成为新时代里既兼顾传统媒体主流价值导向,又彰显新的传播理念的重要媒介之一。主要表现在如下方面:

一、媒体融合步步推进

2018年6月16日,习近平总书记在为《人民日报》创刊70周年写的贺信中强调,要忠实履行党的新闻舆论工作的职责使命,坚持正确的政治方向,弘扬优良传统,深化改革创新,加强队伍建设,改进宣传报道,讲好中国故事,构建全媒体传播格局,不断提升传播力、引导力、影响力、公信力。如今,融媒体所体现的即达性与交互性、跨界融合性、巨量性与分享性、服务性与创新性、个性化与群体化等特性,完全改变了传统传播模式的路径,也更加符合当下受众对信息获取的需求。对交通广播而言,仅仅依靠FM调频的单一传播方式被打破,取而代之的是构建"互联网+"的思维方式,谋求跨媒介、跨形态的融媒体传播体系,围绕媒介形态、内容产品、生产机制、话语方式等开展全方位创新。江苏广电在媒体融合的探索实践中,除了打造"两微一端一网",让广播内容在互联网呈现,更主动地对接移动互联网社交媒体平台,还根据广播的特征,自主研发"微啵云"系统,使广播与互联网能够多维度链接,力求解决持续互动和将听众转化为用户的问题。另外,北京交通广播也打造了其官方客户端"交通广播",拥有报路况、查违章、天气信息、限行信息、聊天、互动、听广播等功能,用户可以在线与其他听众参与各类话题讨论、与主持人互动、参与线下活动等。而其联合"探探"App推出的电台直播真人秀节目《桃花深处的青春派对》同样将广播的媒体融合做成了经典案例,该节目全程采用"直播间+活动现场+网友听众"实时互动模式,为听众呈现了可实时参与的广播真人秀这一全新节目形态。

二、智能化水平不断提升

2017年9月,国家新闻出版广电总局印发的《新闻出版广播影视"十三五"发展规划》提出,"十三五"期间要全面推进"智慧广电"战略。这些重要指导论断和发展规划为我国传媒界的发展指明了方向。构建广播智媒化全媒体传播格局是顺应社会发展的必然选择,也是广播影视技术发展的必然趋势。

借助大数据、虚拟现实技术、增强现实技术、混合现实技术、人工智能等,现代广播呈现出更宽广的发展纬度和更多元化的发展路径。中国交通广播的生命力孕育在"交通"二字之中,它始终与伴随性相连,与移动收听相伴,与车主稳固收听相关联。其定位的精准、内容的专业、传播的及时、属性的公益等呈现出独特的媒介智慧。走进智媒时代,利用大数据等现代传播技术和手段,为城市居民出行提供便利的道路交通服务已经不再遥远。目前,深圳、上海、南京、贵阳等城市纷纷建立了大数据应用基地,通过数据的采集、分析,全面助力智慧城市发展。而江西南昌湾里区的"智慧公路"已具备全程短信服务、可变情报板、交通量调查、视频监控、弯道监测预警、能见度监测、结冰预警、自动融冰除雪等人性化功能,这无疑为交通广播的智媒化全媒体传播奠定了坚实有力的基础。

在智媒时代,交通广播的智能化探索从未停歇。从深圳广播电影电视集团交通广播2013年推出的"优伴"项目到北京人民广播电台交通广播利用数字广播技术,联合北京交广科技发展有限公司研发的"1039易通卡"服务,无不体现出交通广播发展的智能化导向。在未来畅想中,智慧交通广播将有望通过可穿戴设备、遥感技术、水质土壤检测技术等的有效运用,实时监测人体、交通、水文乃至气象的健康程度,借助互联网和 5G 移动技术,将路况信息第一时间传递到 3 亿车主手中。可以说,下一代智能媒体技术的探索与应用将真正推动交通广播的进化和转变。

三、产业模式不断创新

随着新技术的进步和人们消费需求的升级,消费者对知识服务的需求与日俱增,新兴的互联网行业开始在内容市场寻找新的机遇和突破。2016 年,由得到、分答、喜马拉雅 FM、知乎 Live 等平台带来的低门槛准入的"知识付费"模式兴起,随后,社交应用微信也开启了付费订阅的功能。据《中国分享经济发展报告 2017》统计,2016 年知识领域市场交易额约为 610 亿元,同比增长 205%,"知识付费"产品使用人数约 3 亿人,2016 年也因此被业界称为"知识付费元年"。

随着知识付费新风口的来临,音频市场正以前所未有的影响力吸引着众多业内外人士的目光。"把耳朵叫醒,让耳朵关注"已经成为资本涌动的一股无形力量。目前,知识付费模式已初步形成,但单凭线上的方式无法满足受众群体的需求。如何运用知识付费的理念,将线上活动与地面活动相结合,依托传统媒体和传统行业的厚重底蕴和自身优势,将知识付费发展成为全民教育、人人学习的情景,是传统媒体应当努力尝试的方向。贵州广播电视台交通广播频率主持人小刚 2015 年在蜻蜓 FM 开设了专栏,推出专辑《小刚神款天》,借助移动互联网实现广播主持人的影响力扩展,目前点击收听的次数已经超过 2.27 亿次,有 230 万的粉丝订阅。节目在互联网平台的上线,让小刚圈粉无数,而其通过付费收听和听众打赏二次转化节目价值的方式,也为传统媒体从业者开拓新的创收途径提供了很好的思路。

第三章　中国交通广播发展面临的问题和挑战

近年来,互联网、移动互联网及各类新兴媒体的迅速兴起和普及,引发了传媒格局前所未有的变革。与其他媒体一样,交通广播在内容生产与传播、广告创收、经营管理等方面,正面临一系列挑战,主要表现为:

一、特有的交通路况信息资源优势正在削弱

交通广播与交通管理部门的合作由来已久。长期以来,各地交通广播与当地交警和交通管理部门始终保持密切和良好的合作关系,并从这些相关部门获得权威、及时、准确、翔实的各类交通路况信息,这是交通广播特有的信息资源,也是其区别于其他广播频率和媒体的主要特点。正是凭借这些特有的甚至是独有的信息资源,交通广播满足了车上人群的收听需要,从而赢得了大量听众,也因此成就了交通广播独特的地位、品牌和影响力。但近年来,高德、百度等互联网企业运用大数据、全球定位系统(GPS)等技术或装置,通过与相关企业或个人车主合作,构建了信息完备且更新及时的实时路况信息系统。车上人群不收听广播也能随时随地察看前方路况,交通广播特有的信息资源优势被削弱,车上人群对交通广播的依赖程度正在下降。

二、网络侵权导致听众隐性流失严重

随着以智能手机为代表的移动终端的迅速普及,网络电台日益发展壮

大。以喜马拉雅FM、蜻蜓FM、考拉FM等知名网络电台为代表的新兴网络广播平台主动接入各地传统广播频率,此外还邀请名人、专家开设付费专栏频道、定制音频节目、推出有声书电台等,吸引了大批量的听众涌入。这其中,有些网络电台与交通广播签署了合作协议,但大部分网络电台是在没有经过交通广播官方许可和授权的情况下擅自将交通广播节目接入网络的,这种明显而严重的侵权行为对传统广播收听率造成的冲击不容小觑。由于用手机等移动终端收听具有便捷性、即时性、互动性等特点,许多原有交通广播的听众改为通过网络电台收听交通广播节目。虽然收听的对象可能还是交通广播频率,但收听入口的变化导致广播既面临数据统计的难题,也深受听众隐性流失的困扰。

三、广告收入下滑明显,经营压力空前增大

在各地各类广播频率中,交通广播广告收入一直名列前茅。从全国情况看,交通广播广告收入占广播广告总收入1/3以上,部分地方交通广播广告甚至可以占到该地广播广告收入的半壁江山。例如,2015年北京人民广播电台年广告收入为12多亿元,仅交通广播就贡献了将近5亿元的广告份额。然而,由于广播广告的统计标准不一,在以往整体增长趋势下,广播的广告收入并未呈现明显下滑趋势。直到2015年,全国广播广告收入156.42亿元,比上年减少3.52亿元,降幅2.20%,广播广告出现十年来首次负增长。实际上,观察工商行政管理总局公布的广告经营额数据就能发现,自2013年到2017年,广播广告收入只有在2016年出现增长,其余年份均呈下滑趋势。从2013年的141.19亿元下降到2017年的136.68亿元,四年时间降幅3.19%。据了解,在交通广播年会及其他交流会上,一线广播经营人员对客户流失、合同额下降、广告收入下滑等情况均有颇为明显的感受。

四、盈利模式单一,产业拓展乏力

在全国各地大部分交通广播频率中,广告收入基本上占到频率总收入

的 80% 甚至更多。这种单一的盈利模式使得交通广播对广告收入和广告市场高度依赖。可以说,广告市场的波动和变化是影响交通广播命运的关键。单一的盈利模式在很大程度上增加了交通广播的经营风险。尽管目前已有许多交通广播探索出通过自驾游、汽车俱乐部、车友会、汽车后服务、车展促销、广播购物等方式拓展广播产业的营收,有的地方也积累了一些成功经验,但在大部分地区,这些产业拓展对交通广播经济收入的贡献并不明显。

五、管理体制机制滞后,束缚交通广播"生产力"

交通广播是所有广播频率中市场化程度最高的频率之一。对交通广播的管理,应更多探索和借鉴符合市场规律的运营机制和操作方法。现在,在节目生产与传播、广告经营、产业拓展、人力资源管理等方面,一些地方交通广播还在沿用计划经济时代事业单位管理模式。节目生产缺少创新,广告经营越发困难,产业拓展乏善可陈,员工缺乏积极性、主动性、创造性,甚至出现较为严重的人才流失现象,这极大影响了交通广播的发展和进步。

六、新媒体融合程度不高

新媒体时代的到来使广播焕发了新的生机,与此同时也给广播带来了新的生存危机。尽管交通广播已在媒体融合方面做出了诸多有意义的创新尝试,但从宏观来看,融合程度仍然不够深入。媒介接收终端、语态、内容形式的变化促使交通广播因时而变,但大多数交通广播目前仍然将媒体融合局限于开通官方微博、微信平台,以及定期将广播内容投放到互联网平台播放这些基础工作,希望通过与听众的互动交流来增加自身竞争力。实际上,媒体融合所需要做的绝非这类皮毛工作,真正具备互联网用户思维、运营思维的融合模式亟待探索,交通广播的媒体融合工作仍需更多创新和努力。

七、车联网的相关布局发展缓慢

车联网即通过无线通信技术、卫星定位技术以及传感技术的相互配合，实现在信息平台上对所有车辆自身属性以及如道路、人、环境等车辆外在属性的提取和有效利用，并在此基础上提供包括交通、安全以及娱乐等综合性服务，最终实现"人—车—路—环境"和谐统一的系统。2014年10月，美国特斯拉汽车公司宣布其最高端的P85D车型可以实现自动泊车、高速公路"无人驾驶"及堵车时自动跟随等功能，2017年百度发布了全球首款人车AI交互系统，能够提供智能语音助手、人脸识别、智能安全、AR导航等多个AI核心能力，大大改变了人车交互方式。汽车曾经使广播成为移动媒介并进入黄金时期，但随着车联网时代的到来，这一曾经的"鱼水"关系可能变为"水和舟"的关系。"水能载舟，亦能覆舟"，汽车能带动广播发展，也能抛弃广播。车联网的发展将为传统广播接收终端及广播内容带来巨大变革，而当下交通广播媒体在"广播＋车联网"项目的布局谋划上仍处于起步阶段。

八、交通广播自身优势面临挑战

对交通广播这一行业来说，大数据时代所带来的最大挑战是准入门槛的相对降低。过去，交通广播时空限制少、渗透性强、受众伴随性接收、专业渠道便于道路交通信息垄断等优势让其他媒体无法比拟。而如今，这些优势正随着互联网的发展逐渐被消解。当下，各类媒体正迅速通过互联网走向全媒体化，媒体之间的沟壑正在消除，几乎所有的媒体都能提供文字、图片、语音、视频等服务。此外，大数据和融媒体技术的发展也让媒体的智能化、人性化服务越来越先进。而随着无人驾驶等技术的相继成熟，广播独霸车内媒体的时代终将成为过去式，广播的声音魅力还能传递多久是值得每一个广播人思考的问题。

九、媒介品牌战略发展存在短板

媒介品牌,是指"能给拥有者和受众带来溢价、产生增值的一种无形资产,它的载体是用以和其他竞争媒体的产品相区分的名称、术语、象征、记号或设计及其组合,增值的源泉来自在受众心中形成的关于其载体的印象"。具体到广播品牌,其构成要素主要体现在频率、栏目和主持人身上。尽管目前已经有不少电台拥有自己的品牌文化,但却并没有真正将品牌思想融入节目制作以及人员思想中去,群体共识的缺乏让品牌标语等成为一种辞藻华丽的贴金和作秀。此外,交通广播品牌栏目还存在同质化的倾向,比如信息内容大多摘抄自网络、报纸,主持人和记者没有过多阐释和深入解析,这样下去,不但节目质量没有保证,品牌传播也大受影响。

十、节目评估与受众精准分析存在问题

新媒体环境下,受众对广播的接触方式日趋多元。他们不再局限于传统在线广播的收听方式,而是朝着"碎片化"方向发展。此外,电台官方网站、各类网络电台 App、微电台、微信、音频定制产品更是让人应接不暇。这些形势的变化对传统的节目评估、统计方式产生了很大影响。实际上,传统的收听评估方式早已无法满足互联网时代的收听统计需求,而传统媒体由于缺乏新媒体用户信息大数据,并不能掌握自己的新媒体用户分析情况,因此无法实时监测节目在互联网上的收听情况,更无法对所有用户进行精准分析。这就极大阻碍了广播的受众分析和内容改进。长此以往,很容易造成广播"自说自话",听众逐渐脱离的现象。

第四章 中国交通广播发展对策建议

面对这些挑战,交通广播要尝试从以下几个方面探索发展的新路径。

第一,坚持正确的舆论导向,培育和践行社会主义核心价值观。

习近平总书记指出,新闻舆论工作各个方面、各个环节都要坚持正确舆论导向。[①] 交广人一直以习总书记的重要讲话精神为指导,在实践中不断创新方法手段,不断提高能力和水平,忠实履行新闻舆论工作的职责使命。不仅如此,各地交通广播还在培育和践行社会主义核心价值观方面进行了大量探索和实践。如湖南交通广播率先倡议发起的"爱心送考",十多年来成为全国交通广播在每年6月份高考期间的大型活动;河北交通广播《992大家帮》为听众提供危难、救急、维权等方面的帮扶服务,开创了广播民生帮扶类节目新模式;贵州交通广播设立《952找到啦》民生类节目,旨在将中华传统文化中"拾金不昧"的美德延续发扬,为本地听众提供一个失物招领的公益平台。2014年,国家新闻出版广电总局组织的"全国交通广播传播社会主义核心价值观经验交流会"是培育和践行社会主义核心价值观的重要举措,为交通广播赢得了巨大的社会效益,同时也是增强用户黏性、提高交通广播经济效益的重要保障。移动互联时代,交通广播必须坚持并进一步发扬这方面的优势。

第二,对内容深耕细作,用不断推陈出新的产品和服务满足用户需求。

做好内容的深耕是留住用户的最有效途径。如今,在广播市场的激烈

---

① 习近平谈治国理政:第二卷[M].北京:外文出版社,2017:332.

竞争中，精品内容和优质节目已然成为一种核心资源，相继被传统广播电台和新兴电台媒体所重视。不得不承认，内容资源在维系移动端用户黏性、吸纳新媒体广告、流量变现和听众转化等方面都扮演着重要角色，其地位不可或缺，无法取代。

交通广播要想赢得社会公众的关注，最终要靠优质内容。独家新闻、对同质化新闻的独家解读、贴合受众需求的内容与形式，应当成为各大广播媒体的主攻方向。例如，北京交通广播的《一路畅通》节目中，既有专业的路况信息发布，又有各种有趣的讨论互动环节，如"春节过得好不好""从来不吃的食物""妈妈说的话"等话题的讨论使这档两小时的节目内容更加丰富。而移动互联时代，交通广播的内容不仅仅指以节目呈现的产品，还包括线上线下的服务。把听众转化成用户，用不断创新的产品和服务满足用户需求，是当下交通广播面临的重要课题。例如，虽然交通路况信息已经不再是交通广播的独家资源，但各地交通广播在长期的工作实践中培养了一大批交通信息方面的专业记者、编辑、主持人等人才，可以充分发挥他们的专业优势，通过对交通路况信息进行分析、汇总、研判、预测等专业化的深耕细作，为用户提供精准的、个性化的出行信息服务。

第三，运用新媒体技术，搭建全媒体、立体化的信息采集、制作、分发平台。

在中央全面深化改革领导小组第四次会议上，习近平总书记指出，融合发展是大势所趋，广电转型刻不容缓。我们必须增强问题意识、忧患意识、责任意识，创新理念手段，投身融合实践，尽快在媒体融合发展上见到成效、取得突破。互联网、移动互联网等技术的迅猛发展让不同形态媒体之间的界限越来越模糊，广播早已不是单纯的声音媒体。原有的采、编、播流程和方式都发生了颠覆性的变革，交通广播必须顺势而动。例如，上海东方广播中心搭建了新媒体中心，引入@radio采编系统平台，建设广播媒体的"中央厨房"，实现了一次采集、多种生成、立体发布。再如，许多地方交通广播将电台直播场景同步用电视直播，一些重大报道和大型活动采用微博、微信、新闻客户端进行音视频、图文直播等。全媒体、立体化的节目产品制作、分发是大势所趋。

第四,探索多元盈利模式,不断拓宽产业渠道。

融合背景下,单纯靠广告收入的盈利模式已经很难适应当下的市场环境。交通广播要盈利,就必须在巩固和完善广告经营的基础上,探索多元盈利模式和产业渠道,不断培育和发现新的经济增长点。移动互联网为此提供了更多的机会和可能。例如,多家交通广播播出机构通过入驻蜻蜓FM、喜马拉雅FM等,既为听众提供了随时随地搜索、收听节目的可能,又通过优质原创内容付费收听、开设听众打赏功能等实现电台新媒体端的收益。再如,贵州交通广播正在探索和建设的"互联网 + 智慧交通云平台",这是一个集出租车管理、路况信息采集、电子商务及互联网金融服务于一体的信息网络平台,可以为政府运管部门、出租车司机、乘客及普通市民提供多样化、个性化的交通信息产品及服务;南京广电集团的新媒体产品"在南京",通过为用户提供生活休闲服务及搭建跨区域的新媒体平台,实现用户资源整合和流量变现。这些都是交通广播探索拓宽产业渠道的有益尝试。

第五,建立和完善与移动互联时代相适应的管理体制机制,解放交通广播"生产力"。

交通广播管理体制机制广义上包括节目生产及播出机制、广告经营机制、产业拓展机制、人力资源管理机制等。这些机制在建设上要与时俱进、开拓创新,要运用互联网思维,不断探索与新闻传播规律、新兴媒体传播规律以及社会主义市场经济规律相符合、相适应、相协调的管理体制机制。如参考和借鉴法人治理机制,完善绩效考核机制,尝试建立股权激励机制,理顺人员进入、退出、奖惩和晋升机制等,为员工创造良好的职业预期和职业愿景,不断激发员工的积极性、主动性、创造性。同时,广播媒体管理者应当转变观念,破除畏难情绪、懒惰心理,增强问题意识、忧患意识、责任意识,突破惯性思维,学习业内的成功实践,不断解放和发展交通广播的"生产力"。

第六,借力新媒体反哺传统广播,使新媒体产品与传统广播节目互为支撑。

2014年,中央全面深化改革领导小组第四次会议审议通过的《关于推动传统媒体和新兴媒体融合发展的指导意见》,从顶层设计规划了媒体的融合方向。媒体融合时代的到来，是对传统媒体的冲击，也是机遇。在大多数人的眼中，传统广播的内容通过新媒体平台进行传播是媒体融合的主要方式，事实上，新媒体产品经过精良的制作之后也可以应用在传统广播中。2018年，浙江广播电视传媒集团浙江交通之声推出新媒体产品"港珠澳微型广播剧"，通过选取港珠澳大桥建设过程中的典型人物事例来创作剧本，邀请著名配音演员进行朗读，通过后期的精良制作，最终向受众提供一款集音频、视频、图片、文字于一体的新闻纪实性产品。这部微广播剧也在港珠澳大桥建成剪彩之时，作为献礼在全国百城百台交通广播同步播出。

交通广播要强化与新媒体的融合，还可以通过依靠长期积累的资源和公信力，借力新媒体特有的功能为其服务。如通过广播多媒体信息报道（与移动、联通、电信等运营商合作）、社交媒体信息同步发布、可视广播播报等新媒体手段的运用不断推进传播理念和手段的革新，充分发挥自身信息性、功能性、便捷性的优势，在突发事件、交通疏导、灾区救援、预警发布、事故处理等方面彰显交通广播的独特功能，成为党和政府在处理突发事件中的得力助手。虽然很难再说快捷迅速、覆盖面广等是广播的独家优势，但广播伴随性和移动性的优势却是最具竞争力的。

第七，利用互联网实现"广播＋"，加快向智能化交通广播媒体转变。

随着互联网、大数据、人工智能技术的不断发展，成就广播媒体头部市场价值的交通广播的下一个目标，无疑是走向智能化。互联网时代，交通广播应当转变思维，寻求新一轮行业变革机遇，在做好既有传统广播业务的同时，积极探索"广播＋"模式，实现与移动互联网的深度融合，谋求在车辆交通领域的可持续发展。

目前，越来越多的广播媒体在向智能化交通媒体转变的道路上取得了进展。如，贵州交通广播通过资本运作不断开发车内信息空间，推出了"广电＋车联网"产业项目，积极为车联网时代提前布局。驾驶员可以通过安装"广电车盒子"在行驶途中用语音控制云台后视镜来了解实时路况，同时广播直播节目在车内不间断地通过调频传递信息，使驾驶员通过接收全方位的路况信息灵活地设计行车路线，避开拥堵路段。对于传统广播来说，这一套系统构建了一套新的传播渠道，值得借鉴和继续开发。福建交通广播进行了一系列利用新媒体技术抢占车载终端市场的创新和努力，与百度地图、福建省福州市公安局等展开合作，尝试运用云计算、大数据等新一代信息技术，积极探索"广播＋智慧交通"模式来实现交通服务的精准化，为用户提供了更智慧、更贴心的服务，形成了安全、便捷、高效、绿色的智慧交通新形态，走出了一条可持续发展的媒体转型之路。面对交通广播智能化发展的迅猛态势，我们应当以更长远的目光看待这一热门领域，以"链接一切"的开放态度，积极探讨智能化交通广播的新模式、新路径，尝试与各种传播形态及新兴产业实现跨界融合。

第八，加强精品节目内容生产，增强用户黏性。

当下移动互联网发展迅猛，出现了"屏幕无处不在"的局面，广播媒体作为单一的声音媒介，确实无法满足受众的不同偏好和需求。"受众本位"理念的回归促使广播媒体要以受众为中心，在不断的反馈中创新，形成自己的产品特色。《好吃佬》是楚天交通广播的一档美食类节目，内容生产者将《好吃佬》这一广播内容产品进行加工、处理，充分运用"受众在哪里产品就延伸到哪里，服务就跟到哪里"的用户思维，针对受众的习惯和不同终端的接收特点，将已有的节目进行二次加工，通过多屏适配来满足不同平台受众的需求。从《好吃佬》成功的经验来看，最重要的就在于用户需求和紧跟产业链。用户需求在哪里，产业链就延伸到哪里，服务就跟到哪里。交通广播未来的发展要以用户为中心，打造成令用户"尖叫"的内容产品而形成口碑。通过媒介融合促使资源的聚合与价值的创造，通过多个终端平台综合分析的用户数据来进行产品升级换代，满足用户的信息需求、互动需求和情感需求，从而增强用户黏性，逐步实现广播媒介转型。

第九，跨行业协作提高竞争力，美化交通广播的品牌形象。

广播的跨行业协作是指传统广播与传媒以外的其他行业进行合作，强强联合，优势互补。同质化是交通广播走向市场的必经之路，在面对各类媒体同台化竞争日趋激烈的今天，交通广播行业要想持续发展，就必须积极与其他行业展开合作。2018年"五一"小长假期间，由中广联合会交通宣传委员会与公安部交通管理局共同发起的"畅行中国 交警同行""五一"交通安全大提示主题宣传活动，在全国150家交通广播播出机构同步进行。活动期间,交广记者纷纷走进各地交管部门指挥中心,为听众播报实时路况信息,提供避堵路线,介绍交管工作措施等。这次全国范围内的警媒联动、助力出行的活动,各地共举办直播1,200余场次,微博话题阅读量6,482万人次。交通广播积极寻求与政府部门共建合作新模式、新手段,实现资源共享,在传播中拓宽渠道,壮大了主流舆论,较好地完成了社会热点的舆论引导工作,成为广播跨行业协作的成功典范。此外,由中广联合会交通宣传委员会联合全国百城百台交通广播播出机构共同推出的交互式H5项目——"我为国宝点赞"活动,与各地省、市级博物馆携手打造了一款引爆朋友圈的现象级新媒体产品,最终点赞数达到了790万人次,在全国范围内刮起了一股了解文物、保护文物、传承文化的风潮。交通广播在跨行业的合作互动中不仅提升了竞争力、实现了自身的可持续发展,也带动了相关行业的再壮大。

第十,加快交通广播与互联网的融合进程,实现精准用户分析。

实现用户精准分析的前提条件是手中掌握研究对象的有效信息,传统广播的评估解决的是广播潜在听众的模糊分析,要实现所有用户的精准分析,需要对新媒体用户及传统广播听众进行加权评估,新媒体的发展恰好解决了传统广播无法评估所有听众的问题。

新媒体是基于全样本的精准分析。以蜻蜓FM为例,它将所有的用户信息都存留在自己的服务平台,所有用户的精确收听行为都被一一记录存档,从而可以实现对自己平台用户的精准追踪。面对广播听众向新媒体"迁移",新媒体用户不断增加的困境,交通广播可以与网络音频应用合作,通过入驻网络电台的方式进行实时的观察监测,拿到新媒体端用户的信息大数据,从而实现精准的用户分析。不仅如此,传统广播电台也可以建立自己的客户端来实现用户的"可监测",通过精准的用户分析来提供更加个性化的服务,满足受众的不同需求。在未来,只有掌握了用户的收听爱好及需求大数据,用心深耕内容,才能实现交通广播的可持续发展。

交通广播相比于其他媒体,在其发展的过程中曾遭遇过其他新兴媒体的数次冲击,但经过不断的重新定位和改造革新,适应了新的媒介环境,甚至相比于其他传统媒体适应得更加迅速和深入。个中原因,便是交通广播工作者能够积极适应时代环境,突破了一个又一个瓶颈。如今,大数据、人工智能、车联网等技术不断成熟,交通广播也只有如前几次所做的那样,及早了解新产业新技术的潜在影响,明确自己所面临的挑战和可能的机遇,才能确保自己在将来的媒介竞争中屹立不倒。

第二编　智媒时代中国交通广播发展专题研究

第五章 中国交通广播帮扶类节目研究

一、广播帮扶类节目发展脉络及社会动因分析

由于帮扶类节目属于广播服务节目的范畴,在对其发展阶段和发展动因的考量中必须以广播服务类节目这一大的背景为依据,梳理帮扶类节目是如何由最初零散的帮忙形态发展成独立的节目形态这一历程。同时,广播服务类节目"服务"理念的深化过程与特定的历史阶段、社会文化、媒介环境等又是紧密相连的,没有社会大环境的土壤,帮扶类节目很难孕育成如今有着广泛影响力的节目形式。只有超越简单的、静态的节目分析,从历史的源头找到规律,才能对未来的发展提出建设性的意见。

(一)改革开放后服务节目初现帮扶形态(1979—1990)

1940年,延安新华广播电台开播标志着中国人民广播事业的诞生,1949年12月正式更名为"中央人民广播电台"。早在解放战争年代,延安新华广播电台就在节目中播报在各个解放区战场脱离内战的国民党军官的姓名,以便这些军官的家属找到亲人的下落[①],同时,还开办过听众信箱节目,可以说是人民广播早期的服务节目雏形。

1950年4月,中央人民政府新闻总署规定了广播宣传的三项任务:发布

---

① 金戈.试论广播电视节目分类[J].中国广播电视学刊,1988(6).

新闻、传达政令,社会教育,文化娱乐。① 为了更好地服务人民,中央台的节目设置大致分为新闻性、教育性、文艺性和服务性四类。当时服务性节目包括《听众服务时间》《广播体操》《天气预报》《首都行情》等,中央台还在1950年5月设立了专门的听众工作机构,建立了处理听众来信的制度。②

从延安台开播到20世纪50年代初,中央人民广播电台早期的服务节目基本上以简单的信息传递为主,如为工商界服务的《首都行情》节目就是摘录当天的商品行情。部分《听众信箱》节目的内容也十分有限,服务领域单一,主要以宣传党的政策方针为首要任务,但是这种重视听众意见、为听众服务的意识为以后服务类节目的发展打下了良好的基础。此后很长一段时间,由于政治环境的影响,服务类节目发展迟缓,党的十一届三中全会之后服务类节目才迎来了比较大的发展,此时,帮扶的理念和形态也开始萌生。

1. 帮扶形态初现:服务节目确立以听众为中心的理念

1978年12月,党的十一届三中全会召开,中国人民进入改革开放和社会主义现代化建设的新时期。1980年10月第十次全国广播工作会议提出,要按媒介自身规律办节目、办事业,强调广播要突破报纸的"有声版"桎梏,发挥广播的听觉传播优势。由此,服务节目随着广播的变革进入崭新的发展阶段。

以中央台为例,此时中央台的服务类节目日益丰富,为各方听众服务的专题信箱不断增加,如《农民信箱》《体育信箱》《青年信箱》《国际问题信箱》等。③ 其中,1981年6月开播的《听众信箱》节目,既选播听众来信,发挥节目的群众论坛作用,还根据群众反映的自己遇到的不公正待遇以及无法解决的问题提出建议、批评来促成事件的解决。例如,某一期群众反映河南省淅川县发生殴打教师事件,节目通过发表编后话引起了有关部门的注意,最终促成事件的顺利解决。

许多地方台也纷纷效仿中央台,开办了听众节目,为听众服务。1984年

---

① 中央人民广播电台简史[M].北京:中国广播电视出版社,1987:13.
② 中央人民广播电台简史[M].北京:中国广播电视出版社,1987:212.
③ 中国的广播节目[M].北京:北京广播学院出版社,1987:767.

北京台开播的《听众之声》，不仅反映和解决群众日常生活中的问题，还在节目中组织专题讨论，针对某一事件展开连续报道；上海台的《听众信箱》节目及时表扬发生在群众身边的好人好事，以正面宣传、鼓励为主。

20世纪80年代中后期形成的"珠江模式"可谓是广播改革的历史性突破。珠江模式挖掘了广播的潜能，形成了直播、主持人中心制、热线电话、强化听众参与和及时反馈等运作模式，深刻影响了广播的服务类节目，不仅让热线电话取代了书信的形式，极大地增强了帮扶的时效性，还在与听众的交流中增强了节目的影响力。例如，广东台的《大众信箱》节目就让节目主持人集记者、编辑、播音员为一体，以第一人称出现在广播节目里，与听众建立直接的联系，仿佛和听众朋友般谈心，极大地增强了节目的感染力和影响力。[1]

这一时期服务节目的内容极大丰富，由单纯的信息传递落脚在为听众解决生活中的实际问题，大到投诉维权，小到生活常识的普及，侧重于解决实际问题，同时还偶有针砭时弊地进行舆论监督，发挥广播媒介的力量，为听众解决自身无法解决或很难解决的问题。从中央台到地方台的服务节目变革中，为听众服务的思想逐步深化，为听众服务的模式也走向细分和丰富，"珠江模式"更是让广播与听众之间有了直接联结，让服务有了互动和反馈。

2. 社会动因：经济体制改革与国家职能的转变

十一届三中全会的召开标志着中国进入改革开放的新时期，在经济领域，国家开始从完全的计划经济体制逐渐向有计划的商品经济体制过渡，自由市场由此开始进入人们生活。交易流通领域中出现人民群众难以解决的众多新问题，使得帮扶类节目有了存在的必要性，可以说在这一时期，广播确立了为听众服务的理念，听众也有了从物质生活到精神生活的实际需求，服务节目也自然而然地萌生了帮扶理念并开始初步实践这一理念。

伴随着经济体制改革的启动，政府转型也随之写入议程。国家不再为人们包办一切，在城市，单位制的影响力正在逐渐弱化，在乡村，人民公社和

---

[1] 《当代中国的广播电视》编辑部.中国的广播节目[M].北京：北京广播学院出版社，1987：792.

大队受到了家庭联产承包制的冲击,人们原本在集体中应当解决的工作和生活问题需要得到新的、更为广阔的公共领域的帮助。

改革开放的时代背景为中国广播提供了开放的媒介生态环境,中国广播也顺应了社会变革的潮流,开始了自身的改革:广播的中心任务转向"以经济建设为中心",媒介传播观念从"以传者为中心"转向"以受众为中心",媒介经营也开始与市场接轨,由单一的事业属性变为事业与产业的双重属性等。[1] 广播的变革不仅使交广人科学地认识了广播媒介自身的规律,也明确了为听众办好广播的目标,这种听众意识可以说是对广播属性的深刻理解。

正是由于经济体制改革和国家职能的转变,虽然这一时期的服务类节目没有以"帮"来命名,但在实际运作中已经有了"帮"的理念和形态。

(二)广播频率专业化催生帮扶理念深化(1991—2001)

进入20世纪90年代以后,中国广播面临着"内忧外困"的局面。从外部因素来看,80年代中期,全国出现了"办电视热",面临着电视的冲击,广播业的发展进入了一段彷徨和困惑的时期;从内部因素来看,虽然改革开放以后的服务节目出现帮扶的形态,但大多也只是简单的信息服务,节目的出发点还是将党的声音传播出去,而并不是以市场和听众为出发点。

同时,帮扶的内容繁杂、散乱,所有和老百姓生活相关的内容都汇集在一起,既没有时效性,时间久了也让听众产生审美疲劳,很难在听众心中形成影响力。所以,这样内忧外困的环境造成了广播外部受众的流失和自身发展的困境。就在此时,交通广播的诞生不仅带领广播走出了一条崭新的发展道路,也让广播的服务类节目随之一变。

为什么要以广播频率专业化作为一个阶段性的分隔?广播频率专业化的趋势下,受众对信息的多元需求形成了媒介专业化、分众化、区隔化的必然趋势。如果说上一个时期确立了以听众为中心的服务理念,那么在这个时期,广播节目就必须根据受众的需求作为频率和内容的定位,实现细分和

---

[1] 曹璐.广播新闻理念与实务创新研究[M].北京:中国广播电视出版社,2007:47.

个性化发展。在这一阶段,很多频率纷纷深化服务,开办了热线节目,帮扶在服务节目中发展成为一个独立的板块或者成为指导服务节目的重要理念,节目的帮扶有了自己的"神韵",帮扶的理念得以逐渐清晰,这为后来帮扶类节目的独立运作奠定了基础。

1. 帮扶内容深化:服务节目提升了专业化水准

这一时期,在广播频率专业化的浪潮中,一些频率在原有的服务类节目的基础上开设了更为专业的板块。例如,1993年成立的北京新闻广播,频率在原节目《听众热线》的基础上开辟了《新闻追踪》,不仅对听众热线进行跟踪和反馈,还对热线电话中听众反映的热点问题进行深度报道和挖掘,不同程度地起到了化解社会矛盾的"调节阀"的作用。①

同时,十余家广播频率开设的以舆论监督为主的热线理政类节目也是典型的代表。如1997年邢台广播电台与邢台市政府文明办联合开办的《行风热线》,节目每月确定政府部门和窗口行业部门20位负责人轮流进入电台直播室,接听听众的热线投诉和政策咨询,从而形成了热线理政、阳光施政的舆论监督平台,该栏目获得了2001年中国新闻优秀栏目奖。同类型的代表节目还有河北电台的《阳光热线》、河南电台的《政府在线》。②

1991年上海人民广播电台交通信息台的开播开启了我国内地交通广播的发展历史,也标志着广播进入频率专业化的时代。在创办之初,交通广播就将现代化的监看设备引入直播间,全天从7时到22时为出行人群提供路况信息,也反映市民对交通问题的意见和建议。交通广播创办之初就放弃了综合办台的策略,而将为移动出行人群提供及时、实用的"服务"作为根本的理念。交通广播的独特魅力使其成为中国广播发展的领军力量,为"内忧外困"的中国广播带来了新一轮的发展热潮。

除了类似于《路况信息》《失物招领》《交通信息》等直接的信息服务之外,交通广播也出现了一些深度的、带有舆论监督色彩的节目,比如北京交通广播的《927交通热线》、河南交通广播的《今日报道》、黑龙江交通广播的

---

① 曹璐.解读广播[M].北京:北京广播学院出版社,2004:156.
② 曹璐.广播新闻理念与实务创新研究[M].北京:中国广播电视出版社,2007:185.

《投诉热线》栏目,通过受众的热线电话的方式与其直接交流,解决受众生活中实际遇到的、与交通有关的问题。例如,南京人民广播电台交通台荣获1994年度新闻专题一等奖的《天桥的教训》就从市民对南京天桥建设的异议入手,通过记者的调查最终形成一篇深度报道,通过反面的案例建议政府更新观念、转换职能,按市场规律搞市政建设。①

2. 社会动因:城市化进程的跨越式前进

麦克卢汉提出:"电视对广播的影响之一,是使它从娱乐媒介转变为中枢神经系统。"②这句话概括了世纪之交的中国广播转型的追求,即由人们闲暇之余的消遣媒介变成吸收、储存社会信息,促进社会肌体协调运转处于核心地位的社会服务媒介。广播服务节目在这一时期的转型与社会的转型密不可分,广播的转型实质上是对广播发展规律理解的进一步深化,即广播根据社会转型、人们生活方式的转变而调整自己的服务。

从20世纪90年代开始,中国的城市化开始了突飞猛进的发展进程,城市人口增长迅猛,城市发展呈现出速度快、规模大的特点。

从图5-1可以看出,1991年后城镇人口逐年增加,1995年以后增幅明显。而1995年之后,乡村人口的绝对数量开始转为下降态势,成为一个重要的转折点。与城市化进程相对的是,城市的公共基础设施建设没能在短时间内完善起来,城市交通的拥堵和无序成为常态。再者,生活在城市里的人尚缺乏现代交通文化的熏陶,面对突如其来的现代城市交通处于一种紧张和焦虑的心理状态之中,对于交通的运行充满了不确定性。

在城市化进程中,抽象的"大众"一去不复返,人的个性逐渐凸显出来,对于媒介来说,这是人的主体意识的觉醒。服务型的广播面对的是一个个差异化的个人,听众不会浪费时间投入到过去的那种"你说我听"的灌输式节目,那些及时、互动、有针对性的个性化节目才真正能吸引受众的耳朵,广播的服务节目由"指导"转向"服务"是必然之举。

---

① 金定国.用"心"采访——《天桥的教训》[J].视听界,1995(10).
② 麦克卢汉.理解媒介——论人的延伸[M].北京:商务印书馆,1999:380.

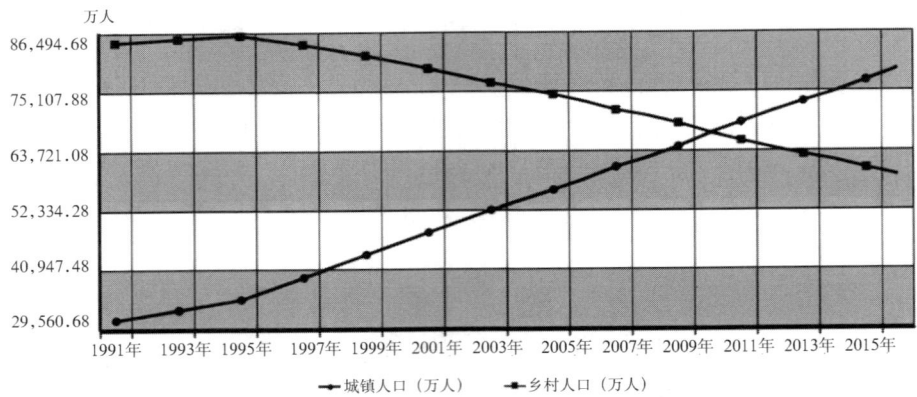

图 5-1 1991 年后全国人口数量统计表①

一方面,广播服务节目为听众提供公共交通的信息,消弭交通出行者的不确定情绪,也缓解了其焦虑的出行情绪;另一方面,此时广播服务节目中涌现出的以舆论监督为主的热线理政类节目能够及时回应交通出行人群反馈的道路拥堵问题和权益受到侵害的问题,对于维护交通秩序和社会稳定发挥着重要的作用。

这一时期的帮扶类节目虽然仍然沿着服务类节目的道路发展,但也初步成型,有了自己的特征,比如在形式上形成热线理政类节目和帮扶板块,在内容上开始了记者深入调查的舆论监督,在效果上促进了社会矛盾的解决。不过帮扶类节目真正形成影响力,找到自身的发展道路,则源于民生新闻的出现。

(三)民生新闻带动广播帮扶的栏目化运作(2002—2010)

帮扶类节目的前两个发展阶段中,帮扶属性并不具体和明显,帮扶是在服务节目中以服务的形态所提供的帮助。虽然帮扶的形态与其他服务节目有一定的区分,但帮扶仍没有固定的栏目进行承载,多在服务节目中以阶段性的形式出现,点状插播一些突发的救援信息、寻人寻物信息、维权投诉信

---

① 数据来源:国家统计局数据库。

息等,帮扶类节目的发展面临着如何找到自身定位、确立内容形式、将阶段性的帮扶日常化的重要问题。

此时,民生新闻的出现为广播帮扶类节目的发展提供了一个契机,由此帮扶类节目脱离了服务节目的表现形式,将"新闻"与"服务"融合,找到了新闻这一形态,开始了自身的栏目化运作。

1. 帮扶独立运作:帮扶以民生新闻为表现形式

2002年元旦,江苏电视台城市频道《南京零距离》开播,标志着民生新闻的真正开始,这档节目打破电视新闻的常规做法,将关注的焦点对准了普通百姓日常生活中的喜怒哀乐,而经常将政府活动、会议新闻压缩到屏幕下方以滚动字幕的形式出现。《南京零距离》的成功引起全国各地的效仿,产生了普遍的"示范效应",一时间每天电视荧屏的黄金时段,纷纷播出民生栏目,形成了21世纪以来一股民生新闻热潮。

随着电视民生新闻的兴起,帮扶开始与民生新闻相结合,以民生新闻作为表现形式,帮扶类节目找到了自身的发展道路。民生新闻"以关切的目光关心民生疾苦,将硬新闻软处理,同时赋予软新闻以硬道理,在进行舆论监督的时候也立足于问题的解决而不是简单地批评了事。"[①]这样的宗旨与帮扶类节目的内容和理念可以说是不谋而合的。此后,在服务节目中,开始分离出以"帮"命名的帮扶类节目,标志着其栏目化运作的开始。

北京电台城市服务管理广播于2009年开办的《京城帮帮团》就是这一时期帮扶类节目的典型代表。这档节目的形式为周一至周五播出听众的求助信息,每逢周日进行求助的回访,挖掘这些求助信息背后的故事,温情地讲述百姓生活的酸甜苦辣。以其中一期节目为例,年轻听众小魏打进热线电话为自己久病在床的父亲寻求治疗尿失禁的药方,这样一则看似平常的求助信息,节目组却通过深入的调查,为观众讲述了面对突如其来的变故,小魏一家人仍积极向上、相互扶持、坚强勇敢的感人故事。可以说,《京城帮帮团》并没有为了服务而服务,而是走出服务求助者的简单模式,采用民生新闻的故事化叙事,以情感为突破口,凸显节目的人文关怀,以真正关切的

---

① 李舒,胡正荣.民生新闻现象探析[J].中国广播电视学刊,2004(6).

目光去关注民生疾苦以及百姓的生活态度和价值观。

这一时期,听众早已不是信息流的终端,在广播所倡导的互助氛围中,听众也逐渐感受到了被帮助的温暖和帮助别人的力量。北京交通广播名栏目《一路畅通》在2003年1月1日提出了"大家帮助大家"的口号,依靠大家的力量帮助大家[①],可以说是交通广播深化了对自身"服务"的认识。

同时,听众对于电台组织的公益活动的参与热度不断升温,有的公益活动直接由听众牵头组织,媒介成为人与社会沟通的一个重要渠道。帮扶类节目广泛吸纳听众力量成为这一时期的一个显著特点,以浙江交通之声为例,交通之声成立了"93爱心基金",在1998—2009年期间,"93爱心基金"汇集社会各界热心听众的善心,陆续捐助了困难的出租车司机家庭、200多名贫困学生,筹集善款累计近30万元。2002年,交通之声将原来松散的出租车听众组成了300多人的"93阳光车队",车队成为节目开展民生公益活动的重要支撑力量。[②]

2. 社会动因:社会阶层的变动与新政策的提出

1992年,党的十四大提出要建立社会主义市场经济体制。十年过去了,中国的社会结构发生了翻天覆地的变化,突出表现在:其一,新阶层的出现和社会阶层的分化;其二,贫富差距的日益扩大。

社会阶层分化的背后是社会资源分配的不均衡状况,当医疗、教育、文化资源成为可被自由分配的商品后,底层群众所遇到的生活问题较改革开放初期更为严重,所以特别关注此类现象的民生新闻在这一时期应运而生,复杂的社会环境对帮扶类节目也提出了新的时代要求。

民生问题广泛存在,尽管解决民生问题是政府工作的一大本职,但仍然存在政府无法短期内解决,而市场和资本又无心介入的问题,这就需要有其他社会力量进行补充,即俗称的"第三部门"。21世纪初的中国尚未形成有序、系统的公益环境,绝大部分公益组织还处于萌芽、筹备阶段,因此某种程

---

① 徐泓.超越:北京交通广播解析[M].北京:北京大学出版社,2003:40.
② 吴红雨,徐敏,邵志泽.交通即沟通:中国交通广播的社会价值[M].杭州:浙江大学出版社,2016:145.

度上,此时的帮扶类节目充当了公益补充的角色。

在此之前,新闻宣传工作中长期存在漠视舆论宣传的规律和科学方法的现象,一些媒体在新闻报道中内容说教、形式僵化,脱离了群众生活,经济效益和社会效益不高。而随着新闻事业深化改革的推进,这一时期的新闻事业坚持以马克思主义新闻观为内核的科学方法论。党中央强调新闻工作必须"贴近实际、贴近生活、贴近群众",全心全意实现好、维护好、发展好最广大人民的根本利益,还明确提出"权为民所用、情为民所系、利为民所谋"等一系列指导思想,为民生新闻以及独立而出的帮扶类节目提供了重要的理论指导。对于广播来说,坚持以服务受众为本、深耕服务内容、拓展服务领域才能真正落实"三贴近"的政策原则。

民生新闻的出现可以说是媒体放下居高临下的架子,走入寻常百姓生活,在中央媒体的权威性、严肃性中找到了自己的发展道路的标志。而有了民生新闻的成功样本,广播作为地域特征较强的媒体,更是利用地域优势,发挥广播特色,创办服务本地市民、对受众有益、有用的节目,而帮扶类节目恰好是一个突破口。帮扶类节目的求助者、听众是本地人,帮扶故事发生在本地,老百姓自然而然地容易产生亲切感,节目也就容易在本地受众中产生影响力。

同样值得注意的是,经过长期的发展,帮扶类节目也逐渐出现民生新闻的种种弊端,节目流于浅表且同质化严重。同时,帮扶的内容杂乱无章,帮扶手段单一,节目虽然独立成型但却不成熟,一味地吸引眼球也使节目的站位不高,导致了帮扶的社会影响力有限。

(四)交通广播帮扶类节目的异军突起(2011年至今)

交通广播的诞生开启了交通服务的时代浪潮,如今,交通广播帮扶类节目异军突起成为广播服务类节目的一个标杆。

1. 帮扶走向成熟:交通广播帮扶类节目繁荣发展

河北交通广播《992大家帮》栏目创办于2011年1月1日,节目首创"应急帮、危困帮、维权帮、公益帮"四大帮扶板块,传播"大家帮助大家""行动改变社会"的精神,为百姓提供全方位服务。节目创办以来,影响力迅速提升,不仅荣获第 24 届中国新闻奖"中国新闻名专栏"、2014 年度全国广播电视创新创优栏目,并在中宣部召开的全国电台深化社会主义核心价值观宣传工作会上做典型发言。

　　河北台的成功实践为其他台树立了榜样,很快一批以"帮"命名的交通广播帮扶类节目便如雨后春笋般迅速成长起来,比较典型的如表 5-1 所示:

表 5-1　典型的交通广播帮扶类节目

交通台	节　目
河北交通广播	《992 大家帮》
上海交通广播	《1057 大家帮》
湖北私家车广播	《1078 大家帮》
黑龙江交通广播	《998 大家帮》
山西交通广播	《880 帮帮您》
太原交通广播	《107 帮助热线》
羊城交通广播	《1051 欢乐帮》
天津交通广播	《1068 帮帮团》
台州交通广播	《1027 大家帮》
海南交通广播	《一百大家帮》

　　各地交通台在河北台经验的基础上,发挥了各自的地域优势,促成了交通广播帮扶类节目的繁荣发展。这些节目的出现既为听众提供服务,也是在用实际行动传播社会主义核心价值观。其中,上海交通广播于 2014 年 12 月 29 日开办的《1057 大家帮》可以说是后起之秀,它不仅继承了帮扶类节目的精神内核,同时还借助媒介融合,充分对接东方广播中心 2014 年开发的阿基米德平台,实现了创新发展。该节目被上海市精神文明办评为社会主义精神文明好人好事第一名。

　　可以说,这一时期是新媒体迅速崛起、受众信息接收快速便捷的时期。广播的服务类节目如果仅仅提供信息,就失去了市场价值,而更具有深度和人文关怀的精品服务类节目成为广播行业的必然选择。2016 年全国交通广播帮扶类节目联盟的成立可以说为交通广播帮扶类节目提供了一个更广阔的平台,通过资源的整合,帮扶类节目将会迎来崭新的发展机遇。

2. 社会动因:文化体制改革与媒介技术的发展

"服务"的理念从广播的诞生之日起就伴随其发展历程,交通广播也经过了十余年的发展日渐成熟。之所以在2011年这样的"拐点"交通广播帮扶类节目开始不断涌现,并发展成为交通广播行业一股重要的力量,文化体制改革和媒介技术的发展给予的启发是关键。

2011年是国民经济和社会发展第十二个五年规划纲要的开局之年。面对这一历史机遇期,"转型"成为一个关键词,如何抓住新一轮的产业革命机遇为自身的发展创造新的动能至关重要。同时如何"分好蛋糕",放弃过去不平衡、不协调的发展模式,让全体人民共享改革的发展成果,让经济发展的好处更多地走向普通民众,促进整个社会的和谐稳定也成为人们追求的共识。

"十二五"开局之年,国家的规划纲要强调"传承创新推动文化大发展大繁荣""深化文化体制改革",提出"建立健全公共文化服务体系",文化行业的发展成为国家政策层面的核心议题。10月,中共十七届六中全会又通过了《中共中央关于深化文化体制改革、推动社会主义文化大发展大繁荣若干重大问题的决定》,这一决定明确强化教育引导,增进社会共识,坚持用社会主义核心价值体系引领社会思潮,在全党全社会形成统一指导思想、共同理想信念、强大精神力量、基本道德规范。[①] 这是自党的十七大以来,中央再一次集中探讨文化建设问题。

传媒行业作为文化产业的重要组成部分,在深化文化体制改革、推动社会主义文化大发展大繁荣的背景下也随之大刀阔斧地自我改革。2011年开始,中央台和各地方台突出服务受众的理念,对原有的频率进行了改版。以上海电台为例,5月27日上海电台改版,改版后的上海电台打破了"你播我听"的单向传播模式,打造"你说新闻大家听,你有困难大家帮"的广播社区

---

① 中共中央关于深化文化体制改革、推动社会主义文化大发展大繁荣若干重大问题的决定[EB/OL].(2011-10-25)[2018-06-30].http://www.gov.cn/jrzg/2011-10/25/content_1978202.htm.

格局。

国家的"十二五"规划强调要重点培育和发展以新一代信息技术为代表的"战略性新兴产业",这是中国传媒产业的一次重要机遇,广电行业与新媒体融合发展的进程不断加快。广播媒体不仅建立门户网站,推进台网一体化进程,同时在新浪微博开设自己的微电台,受众可边浏览网页边收听广播,传统媒体的"新媒体化"如火如荼。①

这一时期,交通广播在融合的背景下,积极利用新媒体技术拓展信息的发布渠道,依托于微博和微信拓展交通广播的信息来源,在提高新闻时效性的同时,强化了与听众的互动。同时,交通广播充分利用新媒体技术重新定位广播的优势和特色,由过去的广告营销转变为整体的品牌营销,利用新的传播手段打造品牌节目成为必然的选择。

二、交通广播帮扶类节目内容及形态分析

广播帮扶类节目最初的节目形态完全照搬服务类节目,节目内容定位于简单的信息服务;到了广播频率专业化的发展时期,帮扶类节目在舆论监督中找到了新的方向,对社会问题进行针砭时弊的深度报道;在民生新闻的发展时期,帮扶类节目借鉴了民生新闻的节目形式,采用故事化的叙事方式,在内容上关注百姓疾苦,与听众一起构建了多维度互动的话语空间;到如今,交通广播帮扶类节目遍地开花,在民生新闻的基础上,融入了互联网的基因,使得帮扶类节目的内容和形态愈加丰富,打造了节目自身的品牌运营模式。

从交通广播帮扶类节目这四个发展阶段可以看出,交通广播在广播服务类节目中不断拓展帮扶内容、更新帮扶形态、深化帮扶内涵,从而发展成如今具有广泛社会影响的节目类型。

---

① 吴红雨,徐敏,邵志泽.交通即沟通:中国交通广播的社会价值[M].杭州:浙江大学出版社,2016:145.

(一)帮扶类节目的内容分析

帮扶类节目因民生新闻的诞生而开始独立的栏目化运作,可以说帮扶就是为解决民生问题而产生的。然而,民生问题涉及每一个普通人的生老病死、衣食住行、安居乐业,可以说有数不清的帮扶内容。帮扶类节目必须细分帮扶内容,针对每一种帮扶内容制定不同的帮扶策略,以达到最佳的帮扶效率。

关于交通广播帮扶类节目的内容类型,河北人民广播电台台长王智在《创新节目样态 传递正面效应——由〈992大家帮〉的实践谈广播节目的创新》一文中,将交通广播帮扶类节目分为四种内容类型,即应急帮、危困帮、维权帮和公益帮。

根据前期完成的大量资料搜集以及在对节目的收听基础上,本文将这四种内容类型稍加调整,根据节目的内容和特点将交通广播帮扶类节目分为危困应急帮扶、维权监督帮扶、公益活动帮扶这三种内容类型。

1. 危困应急帮扶

危困应急帮扶是交通广播帮扶类节目中内容数量最多、社会影响力最大的一种帮扶类型,也是最能凸显交通广播优势和群体力量的帮扶形式。这类帮扶利用交通广播遍布于四面八方的听众人群以及交通广播的社会资源,迅速解决紧急、突发问题,聚众人之力迅速帮助处于危困状态且被边缘化的底层群体。

在危困应急帮扶中,疾病救助、生活救助、寻人寻物是最主要的三大类型。这类帮扶的特点是帮扶过程展现完整、持续时间长、参与者众多。在帮扶前期会有记者深入采访、了解情况;帮扶中往往会策划组织大型的捐助仪式或者广泛发动节目听众的力量,能够形成一定的帮扶声势;帮扶的后期则侧重于情感输出,通过定期回访、制作特别专题升华故事的情感价值,能够产生较大的社会影响力和正面效应。

比较典型的如山东交通广播开办的全省唯一一档应急志愿服务节目《应急帮帮团》,在每天两个小时的直播外,全天开展应急救援志愿服务的公益项目。节目建立了"山东交通广播应急志愿者联盟"和"山东交广应急爱心车队"两个志愿者组织。同时,在济南、东营建立了两个"山东交通广播应急救援志愿服务站"以及四个志愿服务队。目前,已在全省各地选择发展志愿者 6,000 多名,成立"出租车、私家车"等应急爱心车队 160 多个。节目依托志愿者组织开展抢救伤病群众行动、寻人、寻物及车辆故障救援,策划组织开展各种现场主题活动 110 多场,交通出行救助行动 5,000 多起。《应急帮帮团》节目计划在全省 17 市及所有区县都建立起"山东交通广播、山东省应急志愿服务总队"社区应急志愿服务站点。

在这里,以山西交广《880 帮帮您》节目为例。2015 年 2 月 17 日,节目收到了山西大学生宋伟航的求助,因年前突然患病,经检查为重度再生性贫血(骨髓不造血),当时在医院血液科住院,急需 A 型血小板。但是宋伟航对国产药过敏,只能用进口药,一支药就需 2,850 元,他的整体治疗费用高达 28.5 万元,这对出生在单亲家庭且和母亲相依为命的宋伟航来说无疑难以负担。

2 月 25 日下午 4 点半,《880 帮帮您》现场为宋伟航募捐,专程赶来的八十多岁老人、出租车师傅、热心听友、医护人员等五百多位爱心人士通过现场或银行卡、支付宝等途径为宋伟航捐款,不到一个小时,就募集到善款二十多万元。两个月后,宋伟航康复出院。

这一案例是一期典型的危困应急帮扶案例,节目在一个下午的时间里持续发动爱心听众、网友以及节目帮帮团志愿者等捐款,充分发挥了交通广播的群体力量。

2. 维权监督帮扶

维权监督帮扶也是帮扶类节目的一种常见求助类型,是服务节目最为传统的一项求助内容。改革开放后广播服务节目初现帮扶形态的时期正好是社会主义市场经济的飞速建设、发展时期,人们物质、精神生活有了极大的丰富,难免会产生各种经济纠纷,以至于出现了有了问题先去找媒体而不是找维权部门解决的现象。

随后的发展过程中,这类帮扶的内容更为专业,重点围绕交通维权领域展开。在交通广播成立初期,主要服务对象是出租车司机,帮忙处理的是有关交警和运管的投诉这两大类型。到世纪之交的"十五规划"阶段,"鼓励轿车进入家庭"终于真正被纳入到国家提议中,这时私家车主也开始向节目投诉。除了交通投诉意外事件,帮扶类节目的维权监督开始针对出行人群提供交通法律法规、交通消费、保险理赔等内容。

对于交通广播来说,这类求助聚焦路、车、人权益受到损害的事例,由于涉及的问题比较专业,一般由节目组直接进行帮扶,在节目中与相关单位、部门进行直播连线,问题解决过程十分透明、直接,帮扶的效率非常高。维权监督帮扶是媒体进行舆论监督的重要方式,不仅能够督促权力部门为民办事,还能提高媒体自身的权威性和影响力。

以湖北私家车广播《1078 大家帮》节目播出的"驾校学车遭遇索烟潜规则"为例。2015 年 3 月 30 日,湖北私家车广播《1078 大家帮》接到了孙女士的求助电话,说她的女儿到武汉市蓝星驾校学车,不料科目二的考试中,因其女儿没有给教练准备好他索要的两包烟,被教练强行拉下车,并且还遭到辱骂。随后,记者找到驾校负责人张校长了解该事件。张校长虽然承认确有其事,但却认为当事人已经报警,因此驾校已没有责任。

主持人在节目中以"驾校学车遭遇索烟潜规则,你怎么看?"为题,在听友中展开讨论,引发了广大听友、网友的强烈共鸣,大家纷纷通过节目的热线电话、微博、微信发表自己的意见,并且要求相关部门对违规教练和驾校进行严惩。在节目直播中,武汉市公路运输管理处新闻中心工作人员主动打来电话,承诺对此事展开深入调查。

节目播出一周后,武汉市公路运输管理处在调查核实后对蓝星驾校做出处罚决定:在行业内通报批评并罚款 5,000 元;注销当事教练员的教练员证,并将其纳入武汉市教练员的诚信黑名单。同时,运管处加强了对全市驾校的考核和管理,并对全市 71 所驾校进行了一次审查,曝光了一批未达标的驾校。

这件事情的曝光不仅引发了听众对驾培行业的讨论,也促使相关部门对驾培行业进行进一步的整顿,也让《1078 大家帮》节目在听众中收获了良好的声誉。

3. 公益活动帮扶

公益活动帮扶是常态化的帮扶类型。公益活动帮扶与节目日常的危困应急帮扶、维权监督帮扶相互配合，形成固定品牌，发挥长线效应，让交通广播帮扶类节目的帮扶能够产生广泛而持久的影响力。

相较于前两种帮扶形式，公益活动帮扶是一种延伸至线下的公益形式，是对线上帮扶的有力补充。与报纸、电视等其他传统媒体相比，广播有着"地域服务"的优势，能够更有效地帮助生活在城市的人们进行沟通，让生活在共同圈子里的人们有一种空间上的归属感。公益活动帮扶基于听众共同帮助他人的意愿，发挥群体的力量，让人们在志愿组织中用实际行动帮助他人，找到自身的价值。

同时，这类帮扶能够充分整合交通广播的社会资源，积极拓展与有关部门的合作，比如黑龙江交通广播《998大家帮》节目就联合公安、交警、医院等部门成立"助老爱老公益联盟"，建立起预防老人走失的长效机制；2016年，黑龙江交通广播在原有"护童助医"爱心服务队的基础上，与哈尔滨市卫生计生委合作，联合哈尔滨市各市属医院成立"998天使在行动"公益组织，对于节目危困应急帮扶中需要宝贵的抢救时间的帮扶对象，爱心车队、交警、医院会密切配合，第一时间采取应急措施。

河北交通广播的"爱心行李箱 温暖上学路""向日葵成长计划""车轮上的图书馆""黄手环关爱行动""992爱心送考活动"等都成为常态化的公益帮扶项目，成为节目品牌的重要支撑力量。再比如山东交通广播《应急帮帮团》节目，2016年春节期间在出行集中的公路、铁路、民航站点举办了"情暖春运路，感恩在旅途"线下公益活动，节目为现场应急志愿者发放了应急医疗救援包、应急安全手册以及志愿者标志，并邀请山东省红十字会工作人员、健康应急医疗团队等现场为出行人群提供应急医疗、安全提醒。除此之外，还有"应急志愿者消防体验日"活动、"礼让斑马线，文明我点赞"活动等。

（二）帮扶类节目的多元传播模式分析

移动互联网催生了不同媒介形态的涌现，构建了新的媒介生态环境。

对于广播服务节目来说,技术变革推动了广播传播形态的转型升级,新媒介生态改变了广播服务节目的传播模式,拓展了帮扶的空间,优化了传播内容和传播渠道,其传播模式由过去的单一传播发展到如今的多元、复合的传播模式。

1. 帮扶类节目的帮扶模式构建

河北交通广播《992大家帮》作为第一档成熟且取得广泛影响的帮扶类节目,在2011年初创时,节目的定位是热线服务类节目,完全由节目进行议题设置,以节目为中心解答受众的求助。此时的传播方式仍然是线性的,将单个问题的解决作为传播的终点,互动的范围也十分狭窄。

随着传播技术手段的不断发展,早期帮扶类节目的线性、循环传播模式受到了挑战。新的传播媒介的出现,对广播媒体产生了巨大的影响,技术优势、平台分流让广播的听众不断流失,要想留住听众,广播媒体就必须在新媒介形态下进行自我变革。

变革后的交通广播帮扶类节目,从传播内容来看,秉持着受众生成内容的互联网思维,节目的受众成为"信源",节目利用微博、微信、客户端、热线电话、网站等不同的平台搭建起信息求助平台,求助者可以在平台上发布信息,这些即时的受众需求构成了节目的内容;从传播的渠道来看,过去节目单纯的大众传播融入了更多的传播形态,人际传播、组织传播、群体传播等形式让节目的传播范围更广泛,不同形式的传播弥补了大众传播的缺点,提高了节目帮扶的效率,也提高了节目的影响力和美誉度;从传播的效果来看,由于传播过程中,话语权让渡给了节目的受众,这样的传播模式更为开放和多元,大大提高了受众的参与度以及受众之间的交流,从而更大程度地吸纳受众的反馈,也让节目所构建的网络互助平台能够在现实生活中与受众有更深的联结。

以《992大家帮》"帮板凳少年站起来"这一典型案例为例。12岁的少年白宏伟是张家口市涿鹿县里虎沟村人,自幼因脑瘫造成腿部疾病,一家人仅靠种植两亩葡萄为生,每天他都要拖着双腿"挪"着板凳去上学,而30万元的手术费用能够帮助他站起来。

在得知白宏伟的情况后,2014年7月18日,《992大家帮》通过节目平台发起爱心捐款,共募集善款近11万元,首次手术效果良好,但是接下来的手术费用仍没有着落。10月12日,石家庄、张家口两地志愿者联合组织"帮板凳少年站起来"爱心葡萄义卖。义卖当天,来自河北各地近100个志愿者自发在现场布置会场、搬运葡萄、维持秩序,两个小时就将一万斤葡萄卖完。白宏伟顺利完成了第二次手术,双腿基本能站立。这一案例被评选为"2014年度992十大好人好故事"之一。

在这一案例中,节目通过对网络求助信息平台的信息过滤,在节目中播出了求助信息,让更多的志愿者和爱心听众了解到求助者的遭遇。这一信息同时在听众信息社区被广泛讨论,志愿者和爱心听众在社区自发组织志愿行动。行动过程中,帮扶结果不断被反馈给节目和网络平台。该案例被评选为十大好故事之一,节目还将案例制作成微信、微博专题推送,实现了二次传播。

我们可以由此得出图5-2所示的帮扶模式:

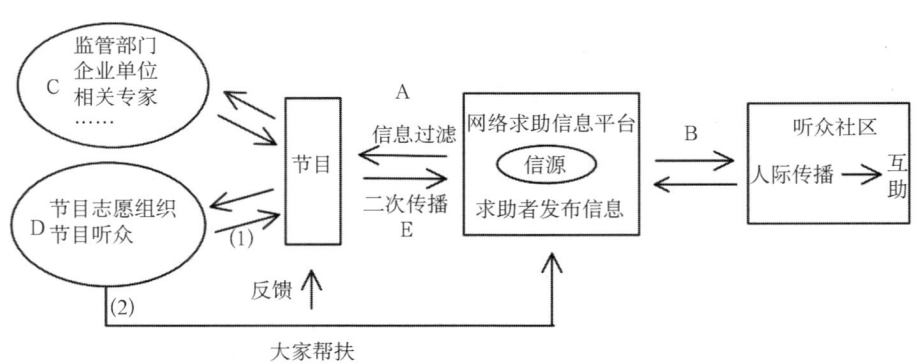

图5-2 交通广播帮扶类节目的帮扶模式图

过程A:帮扶类节目的内容和选题完全由受众提供,网络求助信息平台汇集了受众通过微信、微博、客户端社区以及热线电话发布的求助信息,节目梳理求助信息,将一些紧急、突发的求助信息,典型的维权案例以及一些被忽略的社会底层和弱势群体的求助信息在节目中播出。

过程B:对于那些未能在节目中播出的求助信息,在听众社区实现信息的共享,听众通过人际传播随时随地交流互助,这不仅弥补了广播时长的限制,使得广播突破了时间维度的局限,实现 24 小时全天候的帮扶,还扩充了节目的容量,提高了帮扶的效率,延续节目的影响。

过程 C:一部分经由节目播出的求助内容可能需要调用交通广播的社会资源进行沟通和协调,节目可以协调相关监管部门、企业单位、相关专家介入,使得职能部门和交通出行人群充分沟通,求助者的问题能够得到更为专业的解决。

过程 D:这一过程是交通广播帮扶类节目的核心所在。节目将求助信息在节目中反复播出,通过吸引、协调、动员节目常态化的志愿组织以及广大听众的力量联合行动,节目和受众一起完成"大家帮助大家"的帮扶行动。具体来说:

(1)听众和节目帮帮团的成员可以直接向节目反馈,节目收到反馈后在节目中不断更新帮扶进展,不断汇集成帮扶建议,并将结果通过节目反馈给求助者。

(2)对于比较复杂以及需要长时间解决的求助案例,节目的听众和志愿组织可以联合起来自发地进行持续的帮扶,直接促成问题的解决,并将帮扶的成效随时反馈给节目,节目在此后予以播出,而帮扶进展也被同步反馈到网络信息求助平台。

过程 E:节目将一段时间内的典型帮扶案例进行整理、制作,比如策划"微广播"作品、评选"十大感动故事"等,在节目的微博、微信、客户端等传播渠道进行二次传播,提高节目的影响力,让节目传递的温暖能够得到延续。而且这也可以调动求助者发布求助信息、听众帮助他人的积极性,为此后的帮扶积蓄能量。

2. 帮扶类节目的传播特点分析

根据以上对帮扶类节目传播模式的分析,可以看出帮扶类节目有以下几个传播特点。

(1)受众的深度参与与互动

1977 年,日本学者竹内郁朗在卡茨的使用与满足理论的基础上进行了补充,提出了"媒介使用与满足过程的基本模式"(如图 5-3 所示)。人们接触媒介的目的是为了满足他们的特定需求,这些需求具有一定的社会和个人心理起源,而媒介接触形成的新的媒介印象影响此后的媒介使用。

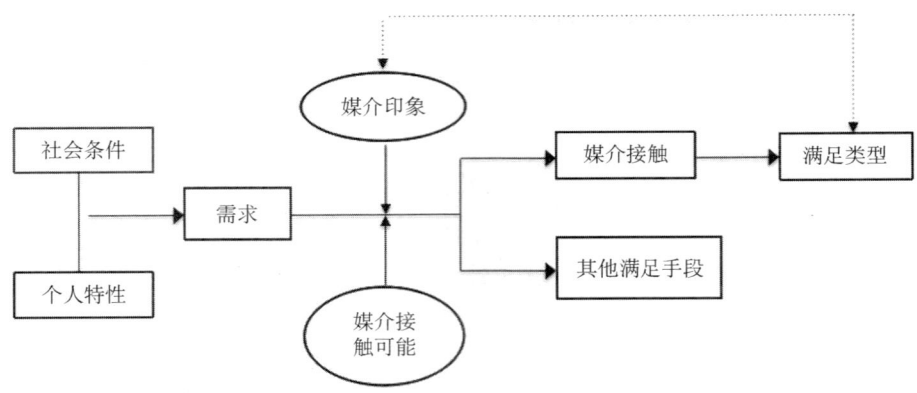

图 5-3　媒介使用与满足过程的基本模式①

随着城市化进程诞生的中国交通广播,见证着城市化进程中人的需求的演进。城市大体上是一个陌生社会,对城市生活秩序的遵循使人们对整个城市产生了一种疏离感,这是当下受众面临的社会环境的改变。同时,交通广播的受众群体越来越转向学历高、社会地位高且有帮助社会意愿的人群,正是这样的社会环境和人群特征使交通广播帮扶类节目必须立足于受众需求调整自己的传播结构。

早期的帮扶类节目所构建的虚拟社会的传播是单向的,虽然通过热线电话和听众直接交流,但并没有充分挖掘受众需求,未能和听众形成真正的联结。

以《992 大家帮》为代表的帮扶类节目不仅关注听众"获得帮助"的需求,还充分挖掘受众对于"帮助别人"的需求,这种需求让受众在虚拟世界中能够发挥自己的社会价值,在一种间接的联系中与其他人形成感觉上的共同体。帮扶类节目的互动让所有用户一起参与到节目制作中来,它不是让主持人转述内容,让受众回忆如何参与节目的制作,而是让受众同步内容的制

---

① 郭庆光.传播学教程[M].北京:中国人民大学出版社,1999:184.

作,与主持人一起完成一档生动、立体的节目。真正参与到节目制作中的受众也更容易产生良好的媒介印象,成为节目志愿活动帮扶的固定成员,在以后的媒介接触中发挥更大的作用。

(2)传播形式的多元融合

社会学的理论认为,现实生活中的每一个人都要参与到多领域的社会生活,而且在任何领域都会形成多种角色关系,这样社会成员之间就形成了关系纵横交叉的"社会网络",这些承载着众多社会关系的社会成员被称为社会网络的"结点"。

人们在社会的交往互动中构建自己的关系网络,在新的媒介生态环境下,在虚拟空间人们之间的互动变得越来越频繁,传播者主导信息传播已经成为过去,人际传播、群体传播的影响范围越来越大。对于媒体而言,需要思考的是如何从人的社会关系网络入手去满足受众的需求以实现传播的影响力。

对于广播媒体来说,过去单一的大众传播转变为不同社交媒体平台的综合传播。交通广播帮扶类节目正是抓住了新媒介环境下媒体传播形式的变革,将大众传播与人际传播、群体传播融合,弥补了大众传播与听众互动不足、传播影响力有限的缺憾。从交通广播帮扶类节目的传播模式中,可以看到节目为听众搭建了实现人际交流的社区,也有节目牵头、群体参与的志愿组织,极大地弥补了大众传播单一传播的不足,传播模式的多元融合最大限度地实现了节目的传播效果。

(3)传播模式的开放性

从帮扶类节目的传播模式可以看出,传统广播垄断信息传播的格局已经被打破,传播模式整体上是一个开放的空间,只要是网络用户都可以随时参与到信息传播中来。

一方面,传播模式开放性降低了传播的成本,求助者发布求助信息的参与门槛低,可以随时随地发布求助信息,求助的内容涉及社会生活的方方面面,帮扶内容极大丰富,传播范围也十分广泛;另一方面,过去单向的传播模式使听众参与帮扶行动相对烦琐,现如今,传播模式的开放共享,使听众能够迅速互动参与,利用平台社区自行组织帮扶行动,设置帮扶议题,从而引发了广泛的群体效应,调动了网络用户参与的积极性。

3. 帮扶类节目与新媒体平台的传播互动

新媒介生态环境下,传统媒体的受众不再是标签化的群体,而是有着个人喜好和习惯的用户,融媒体的核心便是用户思维的转换,因此准确抓住听众的收听喜好和习惯,深耕不同的媒介渠道是节目融合的关键。

赛立信媒介研究基于2017年全国25个城市的基础调查显示,移动互联网收听平台成为仅次于车载收听的第二大收听平台。移动互联网平台收听渠道的排名依次是:手机广播收听集成App、微信(电台微信客户端)、电台自营App、微博以及PC端。① 对于交通广播帮扶类节目来说,实现"两微一端一直"的多平台传播互动,为受众打造分众化的内容产品,才能真正激活传统广播媒体的生命力。

(1)微信、微博

新媒体技术的成熟,让微博、微信搭载移动终端成为受众参与广泛、即时互动、传播影响力高的社交媒体,传统广播媒体也都深挖"两微"传播平台,鼓励有影响力的节目及电台主播开通官方账号,形成传播舆论矩阵,定期为听众推送优质内容,提供个性化的服务,打造优势品牌,提高竞争力,最大限度地聚合听众。

帮扶类节目在微信平台对节目进行二次加工,制作出适应社交平台个性化、分众化特点的内容进行传播。太原交通广播《107帮助热线》节目将广播即时性内容拓展到微信平台,2015年12月5日,全新推出微信专栏《楚月说》,对线上节目《107帮助热线》进行了二次创作。《楚月说》截取往期精彩音频制作成动画的形式,每周三、周六头条推送,推出后反响热烈,最高阅读量达83,087人。

以《楚月说》第29期为例,这期节目选取了一位车主的热线电话,该车主反映自己在加油站加油时怀疑油品质量不合格,导致自己的车在加油后抛

---

① 黄学平. 移动互联时代广播收听场景的嬗变[J]. 传媒,2018(1).

锚。根据这一求助信息,楚月在现场连线了加油站的负责人,负责人表示会与当事车主一起带油品去专业部门质检。几天后,质检报告显示油品合格,车抛锚是由其他原因引起的。在时长9分5秒的短视频中,穿插了动画的楚月形象,一些电影、电视剧、新闻的视频片段配合音频让画面更为通俗、生动(比如,5分18秒质检报告处选取了柯南的经典揭示真相形象),同时对加油站负责人介绍的质检流程做了信息图梳理,清晰易懂。楚月在点评中说,该加油站处理事情有始有终,平等对待消费者,值得赞扬。

微信平台除了为车主提供路况、违章、天气查询等服务信息外,还有节目的视频、音频直播,值得注意的是,广播媒体与电商融合也是新兴媒体带给广播的发展机遇,对于依靠广告的传统广播价值链来说是一种重构。例如"双十一"火购月,广东羊城交通广播利用官方微信平台和1052汽车俱乐部微商城推出的系列汽车产品一年比一年销售火爆;河北交通广播微信商城推出了与冀窖合作的定制酒;浙江交通广播的氧气微商城有汽车急救包、定制礼品等交通相关产品。

节目在微博平台的传播表现为内容的连续呈现,微博能够及时、迅速地发布文字、图片、音频、视频等内容,能够及时与受众进行互动。另外,微博具有话题功能,可以对节目内容进行议题设置,引起受众的讨论,拓展节目的传播效果。

(2)客户端

目前,广播App主要有两类:一类是传统广播电台开发的App,较有代表性的诸如上海阿基米德FM和河北即听FM;另一类是网络广播App,比如喜马拉雅FM、蜻蜓FM、懒人听书、考拉FM等。网络广播App内容覆盖面比传统广播App更为广泛,使用人数多,影响力也更大,但是传统广播电台搭建自己的平台,能够摆脱"技术外包",组建自己的技术团队升级媒体融合战略,相较于网络广播来说能够更持久地树立品牌。

目前交通广播帮扶类节目基本都借助了网络广播App拓展传播形式,扩大自身的影响力,但是形式较为单一。以喜马拉雅FM为例,太原交通广播、天津交通广播、羊城交通广播等都仅是将节目音频复制到客户端,听众可以不受时间、空间限制随时收听节目内容。

相比网络广播App，以上海阿基米德FM、河北即听FM为代表的传统广播App在社群运营以及用户体验方面的表现更为出色。

阿基米德FM定位于传统广播转型的平台，目前上线的节目超过14,400个，其中上海广播社区324个，2017年社区用户发帖数超过1亿条。以上海交通广播《1057大家帮》为例，《1057大家帮》主页面分为"社区"和"音像馆"两个版块。节目社区中用户可以发布求助信息，根据当天的节目内容进行跟帖互动，当事人也可以在社区中跟进帮扶后续，主持人和其他听众可以互动交流，大众传播和人际传播结合，可以充分进行互动，提高了用户的黏性。

音像馆版块分为"视频""声音""用户剪刀作品""回听"四部分内容，"视频"配合节目内容，弥补广播单一声音传播的不足；"回听"为往期节目的回听，在回听界面会弹出类似"弹幕"的灰色长模块，听众可以在节目的任何节点实时参与互动；其中最有特色的两个部分为"声音"和"用户剪刀作品"。"声音"是节目制作的碎片化短音频，将节目的精华部分剪辑成适合移动端传播的短音频，贴合受众的使用习惯和喜好，传播效果比整期节目回听的效果要好。

在节目回听界面有一个剪刀图形，用户可以随时剪切节目内容上传到"用户剪刀作品"中。用户剪切节目中自己感兴趣的部分，极大地提高了参与度，而且用户剪辑作品进行二次传播还能与其他听众产生互动。

河北电台"即听FM"于2016年12月6日在"即通客户端"基础上优化研发上线，这款"广播＋移动互联网"的音频聚合类新媒体产品，初期收纳京津冀地区的广播节目，主打"移动收听""社区互动"两大核心功能，为用户提供便捷、精准、个性化的收听和互动服务。与阿基米德FM不同，即听FM更多依托频率自有的优质节目进行粉丝导流。在社区主页上听众可以与主播、即听小编、其他听众进行实时互动交流，并可以将节目进行一键分享，以此即听FM将节目的传统广播听众转化为"用户"。

即听FM比较新颖的一个设计是推出了活动板块，将节目的线上交流和线下互动结合，有力地配合了帮扶类节目中的志愿活动帮扶。在与受众的互动方面,相比阿基米德FM的"弹幕""用户前刀"等别出心裁的设计,即听FM还有一些欠缺,有待进一步完善。

(3)帮扶类节目的叙事分析

帮扶类节目由广播服务节目而来,传承服务节目"以听众为中心"、关注社会民生问题、为听众提供切实服务的精神。但它又不同于一般意义上的广播服务节目,帮扶类节目实现了情感的升级,在浅表化的服务中,为听众开拓了一个话语空间,让每一个普通人讲述自己的故事,节目还组织大家帮助大家的行动,在这个过程中听众得到了治愈,整个社会的人情冷暖得到传递,节目的叙事意义也就此实现。

法国结构主义叙事学家托多罗夫于1966年提出了以"故事"和"话语"来区分叙事作品的表达对象和表达形式。① 前文从"故事"层面对节目的具体叙事内容进行了阐述,这一部分将重点阐述节目"话语"层面的内容,包括节目的叙述形式和叙事技巧。对于帮扶类节目来说,如何讲好故事,如何让故事讲得生动精彩、深入人心尤为重要,"讲故事"的能力也就是节目通过不同叙事视角的切入以及不同叙事策略的运用,更好地讲述帮扶故事的叙事能力。讲好故事的能力让节目有了更广泛的传播力和影响力。

①利用客观叙事视角实现节目定位

任何叙事都有一定的叙事视角,叙事视角是指叙述者观察和叙述故事的角度。叙事视角为我们提供了一个观察问题的角度,这个角度本身包含叙事判断、明显或者隐蔽的情感倾向。② 对于交通广播帮扶类节目来说,叙事视角的意义在于以什么样的角度、带着什么样的情感倾向去叙述一个故事,从而影响故事的呈现效果。叙事视角运用得好,帮扶故事能够呈现出更为丰富的情感氛围,也能让听众从多种层次加深与故事产生的共鸣,并以此来理解现实世界。

2017年9月6日,上海交通广播《1057大家帮》节目播出了名为"手抖之谜"的案例。节目进行了13分钟时接听了一位贾先生打来的求助电话,贾先

---

① 申丹.西方叙事学:经典与后经典[M].北京:北京大学出版社,2010:14.
② 曾庆香.新闻叙事学[M].北京:中国广播电视出版社,2005:129.

生以当事人的角度叙述了自己的故事,故事起因是贾先生的爱人因为两年前目睹了一起翻车事故,因为事故惨烈,他的爱人受到了刺激导致手抖,无法正常生活,求助医生未果,遂向节目求助。接下来,节目相继接听了有着同样经历的孙先生、闫女士、曹先生以及医生、心理咨询师等人的电话,这些热心听众不是事件的亲历者,但是有着相似的经历。这些人可能是普通人也可能是专业人士,能从旁观者的角度分享自己的经验,为求助者提供帮助;主持人把控着整个故事的节奏,她与求助者沟通了解更多的求助细节,与热心听众沟通分析其经验的可行性,并插入适当的评论,同时还从自己的经历或者视角出发给予求助者帮助。

法国结构主义批评家热奈特在《叙述话语》中,将叙事视角分为全知叙事视角、限制叙事视角和客观叙事视角。全知叙事视角是指叙事者掌握故事中任何人物的行为和想法,同时又向其他叙事者展示人物的思想情感。此外,叙事者还对故事以及故事中的人物进行评论。限制叙事视角也就是内视角,是故事的叙事者,也是故事中的人物。而客观叙事视角恰好相反,故事的叙事者与故事本身没有任何关系,用旁观者的眼光进行叙事。

在上述案例中,当事人以"内视角"对故事的相关细节做了再现式的详细描述,让节目的整个叙事真实感强,对听众来说具有一定的感染力,也能够触发听众的相关记忆;主持人的"全知"叙事视角有效地提高了帮扶的效率,让故事更好地呈现,实现叙事的逻辑性和完整性。

交通广播帮扶类节目叙事视角运用的独特之处在于,作为互助类节目,帮扶类节目将客观叙事视角作为节目的核心,尽可能展现丰富、多元的客观叙事视角,呈现节目互帮互助的过程。在"手抖之谜"这期节目中,不同客观叙事视角的插入,让整期节目的叙事内容饱满、丰富,可听性非常高。一般的服务类节目大多将求助者的内视角作为节目中心,聚焦于一个个具体求助事件的快速解决,而帮扶类节目则体现了一类人群的普遍问题,实现了"大家帮助大家"的节目定位,这也是这类节目的独特魅力所在。

②运用多元叙事方法营造节目氛围

对于同样一个故事,不同的讲述方式会让故事呈现出截然不同的效果,这是采用不同叙事方法的结果,叙事方法的好坏会直接影响节目收听率的高低。帮扶类节目的求助平台每天都汇集了成百上千个故事，一个个看似平凡普通的故事如果深入挖掘可能就会从中瞥见整个时代的发展脉络。如何更好地展现这些平凡的故事，就要求节目调整叙事策略，让故事张弛有度、立体生动。

2014年11月20日，《992大家帮》节目用两个小时的时间完整地讲述了寻找11岁离家出走女孩的帮扶故事。节目刚一开始，欧先生打进热线寻找自己离家出走的女儿。节目播出两分钟后，热心出租车司机打进电话说女孩乘坐出租车去了长途客运站。节目的场外编辑随后联系了客运站，得知女孩乘车去往邢台，节目组随即查到了客车的车牌号和司机的电话。节目播出十分钟后，行驶在前往邢台路上的刘先生称这辆客车就在自己前面。节目组联络了客车沿途停靠的邢台指挥中心，请他们想办法留住这辆客车，女孩父亲则开车前往邢台。最终，这个离家出走的女孩被成功找到。

通过这一帮扶案例，我们可以看出帮扶类节目对于叙事方法的巧妙运用：

一是注重对求助过程的展示，两个小时的节目直播中不断更新故事进展，采取动态的节目制作方法和播出方式，让听众有一种置身现场的感觉，为听众提供真实、鲜活的现场故事。

二是节目的叙事并不是平铺直叙，而是用一条清晰的主线贯穿帮扶过程，主持人现场把控节奏，由听众不断提供情节让节目的发展不断起伏，形成适宜的叙事节奏。一个女孩从火车站到客车站，再买票乘车去邢台，最后女孩父亲开车赶往邢台，整个线路图动态地呈现了出来。叙事策略的合理运用让整期节目叙事清晰、节奏紧凑、牵动人心，自然使听众产生了良好的收听体验。

三是节目在叙事中能够不断设置悬念，最大限度地激发听众的情感体验。对于节目进行中不同听众提供的意见，主持人不会轻易对意见做出判断，而是尽可能详细分析不同的可能性和适应性，并且随时根据已知的信息提出新的疑问点，设置新的悬念，引发进一步的讨论，让故事不断地发展下去。节目还会在下期节目中跟进往期节目求助者的最新动态，从而通过这样的内容悬念提高了收听黏性。

(三)打造故事化叙事风格提升思想内涵

威尔伯·施拉姆将传播功能界定为雷达功能、控制功能、教育功能和娱乐功能,交通广播帮扶类节目为了传递社会主义核心价值观,实现社会教育的功能,必须让节目更具有吸引力,符合人们的接受习惯和审美需求,在此基础上,教育功能才能够实现。改革开放后的一段时期,服务节目的宣教气息浓厚,趣味性不足,制约了节目的社会影响力。经过了一段时期的发展,服务节目借鉴了民生新闻的表达方式,将求助的案例用讲故事的方式表达出来,迎合了受众的收听习惯,但是,讲故事的能力有所欠缺,故事的丰富性、生动性呈现不足。交通广播帮扶类节目则将一期节目分割成具有典型性的故事,将主题故事化,故事细节化,表现更为丰富的细节、完整的情节,更能激发听众的好奇心理,贴近听众的日常生活,听众也就自然而然地从这些故事中获得启示并产生共情。

2018年2月7日,《992大家帮》节目评选了2017年度"992十大好人好故事"。年度好故事中有四胞胎早产儿急需24万元的治疗费用,992发起"爱心助成长 情暖四胞胎"的募捐活动;也有六岁男童曦曦被亲生母亲虐待至昏迷,992爱心互助让其重获新生;糖尿病患者季苗苗寻找拉乘自己去医院做透析的司机,992的15名听众组成爱心小组轮流义务接送陪护苗苗就诊。这些好的故事承载着节目的理念和价值,交通广播帮扶类节目也愈发地呈现出故事化的叙事风格。

在帮扶类节目中,主持人采取"说新闻"的形式,用一种聊天的口吻,播报具有"对象感",展现更多的故事细节和冲突,让听众感觉主持人就在和自己直接交流,使观众产生拉家常的亲切感和愉悦感,让节目更能贴近普通人的日常生活。故事本身就具有一种连续性和新鲜感,能让出行人群持续地收听节目,并能跟随故事的起伏获得愉悦。

帮扶类节目不仅单纯地表现故事本身,而且在声音中融入了不同讲述者的情感、观点和经历,让每个人讲述自己在过往生活中获得的启发,赋予了故事本身一种鲜活的思想性。听众对于一个节目的认同感,就来源于这些真实经历和感悟,这在客观上丰富了帮扶类节目的思想内涵。

三、交通广播帮扶类节目理念分析

从改革开放服务类节目初现帮扶形态到交通广播帮扶类节目的异军突起,帮扶类节目在形式上形成了一套成熟的模式,如前所说在帮扶内容、传播模式和叙事风格上都有了鲜明的特点。同时,帮扶类节目作为一种重要的节目类型,从服务走向帮扶,不仅是形式的固定,更是节目理念的升级。广播节目的生产日益标准化,节目形态有着严格的标准,但位于形态之上的是节目的理念,理念才是一档节目的灵魂。

传播具有目的性,对于帮扶类节目来说,这种目的性小到帮扶每一个个体解决自身难以解决的问题,大到传承社会主义核心价值观、实现社会系统各部分的协调与沟通、促进社会和谐。为了实现传播的目的,帮扶类节目就必须经过长期的发展形成成熟的发展理念,探索如何提高自身的影响力、竞争力、美誉度,实现预期的帮扶效果。

对于帮扶效果的考量可以分为三个层面:首先,从认知层面来说,传媒选择传递帮扶信息,从不同的角度组织帮扶热点事件报道,影响着我们观察社会和世界的视野;其次,帮扶类节目通过价值判断、舆论监督和引导客观上形成并维护社会的规范和价值体系;最后,从社会行为示范效果来看,帮扶类节目提供了互帮互助的氛围和模式,激励着社会成员的帮扶行动。前面主要是对节目微观的、认知层面的考量,这里将侧重于挖掘帮扶类节目如何规范社会的价值体系、激励社会成员的帮扶行动,这也是研究重点所在。

(一)传播核心价值观践行帮扶责任

2017年10月18日,中国共产党第十九次全国代表大会召开。十九大报告明确提出了要培育和践行社会主义核心价值观。"社会主义核心价值观是当代中国精神的集中体现,凝结着全体人民共同的价值追求。要以培养担当民族复兴大任的时代新人为着眼点,强化教育引导、实践养成、制度保障,发挥社会主义核心价值观对国民教育、精神文明创建、精神文化产品创作生产传播的引领作用,把社会主义核心价值观融入社会发展各方面,转化为人们的情感认同和行为习惯。"①

交通广播作为弘扬社会主义核心价值观的重要力量,且本身移动、伴随的优势又让它有着得天独厚的社会传播资源,有责任、有义务传递主流好声音,将主流声音融入精神产品的创作和传播中,传播社会主义核心价值观。

1. 发挥优势,承担媒体社会责任

广播作为一种移动收听媒介,在流动的时间和空间陪伴移动人群,它不需要视听感官的高度介入,也不打扰正常的工作生活,陪伴听众、给听众带来心理上的舒适感是广播的重要特征和优势。正因为广播对于不同收听场景的容纳,听众更容易与广播产生心理上的亲近感,可能一首曲子、一个温暖的故事、主持人无意间吐露的"家长里短"都能使听众和广播产生良好的交流。可以说,相对于其他媒介,广播在传递社会主义核心价值观中更容易产生实实在在的传播效应。

尤其在互联网时代,思想领域百花齐放,社会转型期面临着思想上的震荡,广播媒体作为党和政府的耳目喉舌,必须将弘扬主流价值观、引导社会文明作为自己的工作重点。培育和践行社会主义核心价值观,有助于为社会确立共同的价值规范,能够有效整合社会秩序,引领社会思想意识,形成团结奋斗的强大精神力量。没有强大的精神正能量,没有正确价值观念的引导,中华民族的伟大复兴就难以实现。

交通广播帮扶类节目将培育和弘扬社会主义核心价值观融入频道的发展定位中,在立足于"服务"的同时,更能承担媒体的社会责任,将社会主义核心价值观引领精神文化产品的创作生产,用优秀的作品记录时代风貌,弘扬时代精神。

天津交通广播《1068帮帮团》的"全城快闪"公益活动倡导城市文明出行,"美丽天津 扮靓家园"关注城市绿色生活,"1068帮帮团爱心基金"关注

---

① 习近平:决胜全面建成小康社会 夺取新时代中国特色社会主义伟大胜利——在中国共产党第十九次全国代表大会上的报告[EB/OL].(2017-10-27)[2018-06-30].http://www.xinhuanet.com/politics/19cpcnc/2017-10/27/c_1121867529.htm.

家境困难的中重度耳聋患儿的康复问题;吉林交通广播的《好人帮》节目策划了《生命的读本——〈抗战老兵口述史〉暨抗战胜利七十周年》特别节目、"抗战老兵口述史抢救工程",呼应重大的时代议题,倡导全社会铭记历史、缅怀先烈、珍爱和平;长春交通之声的《12345生活帮帮团》节目每年联合长春市各大医院共同举办近百场不同类型的义诊、检查和讲座,普及正确的健康知识,这些节目都在用实际行动践行着社会主义核心价值观的内涵。

交通广播帮扶类节目在社会主义核心价值观的传播中具有创新性,这种创新性体现在帮扶类节目改变了宣教式的传播模式,打造移动平台传播矩阵,创新传播的内容、形式,用故事化的叙事方式,用受众更愿意接受的方式传播社会主义核心价值观;同时,帮扶类节目注重受众的参与和互动,通过持续的、广泛的线下志愿活动,让受众在亲身体验中达到心理认同。

2. 构建仪式,倡导全民团结互助

20世纪70年代,美国传播学者凯瑞提出了"传播的仪式观",凯瑞认为传播的定义可以分为两大类:传播的传递观和传播的仪式观。[①] 传播的传递观认为传播就是信息的传递,强调信息传递过程中对空间的控制,而传播的仪式观则认为人们通过对传播的参与,实现对人的精神感化、对群体的凝聚作用。凯瑞对于传播的观点是一种文化的而非工具的观点。用传播的仪式观来理解帮扶,更能从一种文化的视角去审视帮扶类节目在当代社会的价值,这也是这类节目的生命力所在。

帮扶类节目从改革开放发展至今,可以说由最初简单的信息提供式服务发展成如今更具人文关怀的服务形式,更加诉诸情感和社会人文价值,这样的传播理念更接近于仪式传播的概念,帮扶的过程本身就是一种社会文化的缩影。对于帮扶类节目而言,信息传播并不是目的,更为重要的是通过日常的帮扶实现对人的精神感化,整合社会意识,凝聚社会正能量。借由仪式化的传播方式,帮扶类节目与受众一起完成了对现实世界的意义建构,通过群体实践为社会成员找到了一种共同的信仰。

交通广播帮扶类节目实际上搭建了一个平台,每一次听众的求助都由

---

① 凯瑞.作为文化的传播[M].北京:华夏出版社,2005.

节目发起、协调,动员社会力量,组织大家帮助大家。虽然仍是由传播者传递信息,但这只是完成了传播过程的一个环节而已,接下来,传播者和接受者都是平等的参与者,共同完成这场帮扶仪式。

以羊城交通广播《1052欢乐帮》的一期节目为例。该节目的《600公里7小时,两省爱心接力生死营救小彬彬》报道获得第二十三届中国新闻奖广播消息三等奖,可以说生动地诠释了一场帮扶的仪式。

事件起因是羊城交通广播发现了一名网友的求助微博:一名依赖呼吸机的先天性心脏病周岁宝宝小彬彬要从广西乘坐救护车到广东广州某医院,由于路途遥远、时间紧迫,希望沿路车辆能配合让道。短短十分钟的时间,羊城交通广播马上利用交通广播电台的优势,与沿线各地交警部门、高速公路公司、交通广播电台联系,组织"为爱让道"行动。救护车从广西到广州途中,交通之声对救护车的行驶路线及小彬彬的病情做滚动报道,呼吁沿途车辆为爱让道,全程大约620公里,警车一路护送,7个半小时抵达,比预计时间省了1个小时,为小彬彬赢得了宝贵的救援时间。这场爱心行动牵动了众多人的心,由于小彬彬家境贫困,她的父母来到广州又人生地不熟,来自全国各地的160多位爱心妈妈建立了微信群,在广州自发帮助小彬彬,帮助小彬彬完成后续的治疗。

在这场"一呼百应"的救援活动仪式中,听众不只是信息的接受者,而是直接成为帮扶的主体。一方面,节目通过前期的宣传鼓励参与,调动参与者的帮助热情;另一方面,通过后期的跟进展现帮扶结果,满足参与者的成就感。节目根据参与者的帮扶进展随时调整自己的传播策略,听众也不是形单影只的个体,而是从政府部门到普通爱心妈妈组成的帮扶群体。由这个案例可以看出,帮扶类节目的帮扶手段是通过强调听众参与的仪式传播完成的。

人类学者莫妮卡·威尔逊曾说仪式能够在最深的层次揭示价值,人们在仪式中表达的是他们最为之感动的东西,仪式所揭示的实际上是一个群体的价值[1],而群体的价值是通过日积月累的仪式传播所形成的。相比于过去"你说我听"单向的传播模式,将接受者比作"靶子",这种强调双向互动的

---

[1] 闫伊默,刘玉.仪式传播:传播研究的文化视角[J].湖南经济学院学报,2009(3).

仪式传播更能倡导全民参与到互帮互助中来,实现传播的社会价值。

个体与外部世界相互连接的一个重要途径是社会化,个体的社会化实际上是一个将习得的价值观、文化规范内化并发展成一定意义上的"自我"的过程。交通广播的帮扶类节目将受众参与仪式传播作为一种重要的手段,实际上就是潜移默化地带动弘扬社会主义核心价值观的氛围。仪式传播将个人带入一种与他人有意义的关系中,使人们进入一种集体的情感,巩固共同的价值,显示出社会的一致性。①

对于帮扶类节目来说,用好媒介的仪式传播这一手段可以赋予受众话语权,提供其完成社会化的平台,这对于和谐社会的构建、整个社会系统的正常运转都将有积极的推动作用。

3. 聚焦弱势,维护社会和谐稳定

帮扶类节目在最初的发展中就以受众为中心,帮助面临困难的求助者解决问题;到了民生新闻出现时,帮扶类节目将视角放在了更广泛的与每个人切身利益相关的民生问题上。交通广播帮扶类节目的危困应急帮扶就是在帮扶弱势群体走出生活困境。可以说,帮扶类节目与弱势群体一直联系在一起。

表 5-2 和表 5-3 选取了 2015 年度山西交通广播和上海交通广播由听众推选出的十大帮扶案例,可以看到听众选出的年度最具影响力的帮扶案例大部分为危困应急帮扶,这些人或遭遇重大疾病、面临生命危险,或是处于贫困状态的农民工及其子女、生活艰难的失业人员、农村留守儿童等,他们处于社会的底层,是被日益边缘化的弱势群体。

表 5-2　山西交通广播《880 帮帮您》2015 年度十大帮扶类节目

序号	节目内容
1	《捐助白血病大学生宋伟航》
2	《挽救白血病少女陈子鑫》
3	《3·15 消费维权主题帮办》

---

① 张孝翠.论仪式传播与参与主体性[J].国际新闻界,2009(4).

续表

序号	节目内容
4	《"入学季"主题帮办——关注外来务工人员子女入学难》
5	《放飞希望——岚县瓦窑小学帮扶行动》
6	《惊心动魄救少女,迷雾重重寻真相》
7	《小马村女童坠楼事件:城中村安全隐患乱象调查》
8	纪念抗日战争胜利七十周年《我的二伯父是烈士》
9	《街头私搭乱建"钉子户",880追踪问责终拆除》
10	《退费为何这样难,"安盛驾校"有玄机?》

表5-3 上海交通广播《1057大家帮》2015年度十大帮扶类节目

序号	节目内容
1	《全城寻找熊猫血》
2	《电波挽救自杀少年》
3	《62年后父子相认,91岁抗战老兵找到了上海儿子》
4	《捐款救助脑癌女孩王鑫怡》
5	《一场扣人心弦的直播拍卖》
6	《G50好心收费员赵玉芹丈夫遭遇车祸,司机捐款救助》
7	《南通患白血病大学生找到四川妈妈》
8	《联系大使馆帮助不丹遇险上海乘客》
9	《上海市民捐献血小板救助章童菲》
10	《东北大学生丢失所有毕业证件,上海热心市民助其找回》

社会强势群体拥有在市场上占据优势的经济能力,在社会中能够得到更多声誉和尊敬,进而对社会资源形成一定程度的垄断。而处于从属地位的弱势群体能够利用的社会资源非常少,不可避免地遭遇权益受到侵害或无法保障的问题。当下中国的社会阶层在一定程度上呈现出固化的趋

向,弱势群体通过自身努力改变社会阶层的可能被进一步压榨,从而加剧了这种社会不平等。长此以往,弱势群体极有可能采取极端暴力的方式发泄不满。2018年2月11日,北京西单大悦城商场内发生的惨案就是典型的案例。中学辍学、与家人关系冷漠且长期处于失业状态的朱某某为发泄个人不满,持械伤害了13人,其中1名女性因抢救无效身亡。

交通广播帮扶类节目的社会价值在于利用媒介的力量,真正关切处于社会底层的群体或者个人的生存状态和生活疾苦,媒体的发声能够产生强大的舆论声势,让那些侵害弱势群体权益的组织或者个人"曝光"在公众面前,利用舆论的压力敦促事件的解决。同时,媒体将这些被社会忽视的群体的困难传达给政府,让政府有关部门了解社会问题,起到了政府和民众之间的桥梁作用。如此一来,能够在一定程度上缓解社会矛盾,防止极端暴力事件的发生,维护了社会稳定,也发挥了媒介的社会整合作用。

河北交通广播《992大家帮》节目播出不到6年时间,就通过节目有效帮助5万多人次,帮助200多个家庭走出生活困境,募集善款1,000多万元,举办大型公益活动90多场,在全省及京津建起"大家帮志愿者联盟",注册志愿者达5,000多名,到现在,这些数字仍在不断增长。全国各地的交通广播帮扶类节目每年都在帮助大量弱势民众走出困境,这不仅传播了社会主义核心价值观,也提高了节目自身的传播力、引导力、影响力和公信力。

(二)媒介品牌运作推动常态化帮扶

帮扶类节目由交通广播开始走向成熟,一个重要标志便是交通广播由临时、零散的帮扶走向了集中、固定的常态化帮扶,常态化帮扶的重要表现是栏目经过长期发展形成了自身的媒介品牌,媒介充分考虑受众的心理和需要,打造优质的栏目及活动,在提高媒介社会影响力的基础上赢得了受众持久稳定的品牌忠诚。媒介品牌的价值远远超出一档节目的范围而被赋予一种象征性的意义,代表了受众对媒介传递的价值文化的深刻认同。

媒介品牌可以理解为受众与媒介形成的联结,它聚焦受众日常生活中的认知、体验、感情,媒介品牌对受众来说是一种品质的保证,反映了受众对媒介的文化理念产生态度和行为变化的过程。最初,品牌仅仅代表一个节目或产品,但经过长期的发展,这种有形的品牌逐渐在受众心里形成了黏性,品牌的文化价值储存在受众的记忆里,成为无形的精神品牌。

对于帮扶类节目来说,从产生之初就将诉求放在传递社会温暖、弘扬社会正能量、聚集流动空间的精神力量上面,这样的精神诉求可以说恰好为媒介品牌的形成提供了支点,实现了帮扶类节目的理念升级;对于媒介本身来说,媒介借由品牌建立起自身的核心价值,产生了基于价值体系的文化,形成一种无形的媒介资产。

1. 以品牌定位塑造品牌形象

品牌定位是塑造媒介品牌的基础,定位表明媒介品牌的身份并赋予情感和理性的意义,是受众心中关于这个媒介品牌最合适、最关键的记忆。[①]

作为服务类节目的后起之秀,交通广播帮扶类节目只有在服务类节目的同质化竞争中找到自己的定位,才能真正在受众心中找到自己的生存空间。对于帮扶类节目来说,主要从两个方面进行定位从而找到了自己独特的品牌形象:一是摸清目标受众的需求。服务类节目与信息资讯类节目不同,本身就是与受众深入接触、互动的高黏性节目,帮扶类节目注意到了这一点并将互动性作为定位的参照,让受众深度参与到节目中,保持与听众的零距离,通过赋予话语权和参与的渠道给用户一种沉浸式的体验,让受众在互动中满足自我价值实现的需求,最终实现与用户共同创造价值。二是注入品牌情感价值。按照心理学的观点,情感是人对客观事物是否满足自己的需要而产生的态度体验,它更趋向于社会需求欲望方面的态度体验。在受众深度参与、互动的需求基础上,也有一种对社会温情的诉求,尤其是对移动人群来说,沉闷、单调的驾驶旅途需要故事化的内容带来感性体验,也需要社会正能量相伴同行。如果媒介能满足目标人群的需求,受众便会产生对品牌形象正面的、积极的体验和评价。

相对于其他帮扶类节目,福建交通广播《一路帮帮您》节目"帮基金"的概念是节目的品牌定位,也是节目最鲜明的符号,正因为"帮基金"的定位让

[①] 陈兵.媒介品牌论:基于文化与商业契合的核心竞争力培育[M].北京:中国传媒大学出版社,2008.

节目实现了社会影响和社会效益的双赢。"帮基金"将广播节目、广告和活动形成一体化的运作模式,爱心商家为拨打帮忙热线的车友累积赞助的"公益金",用于节目公益活动。对于节目来说,它增加了节目互动的热度,以巧妙的方式植入市场元素;对于听友来说,拨打一个电话,不仅为自己的问题找到了解决方案,还为节目的公益活动奉献爱心;对于商家而言,节目宣传了商家,传播了正面能量,也能实现其品牌的增值。

2. 以公益活动强化品牌认知

受众通过品牌定位形成对品牌直观的认知后,广播下一步所要思考的问题是如何通过品牌策划整合社会资源,推出具有市场价值和社会效益的活动产品,以此进一步提高受众对品牌的认识度和忠诚度。

山东交通广播《应急帮帮团》节目联合省内十余家电台和企业开展的"益＋1"公益活动是一个典型品牌案例。"益＋1"启动于 2015 年 1 月 25 日,旨在倡导全省车友为在驾车出行过程中遇到车辆故障等麻烦的人,提供紧急救援志愿服务。节目为公益活动制定了具体的行动标准化流程及方案,确定了加入流程、日常运行维护、App 开发、现场救助行为规范及标准动作、物料配备等一系列具体事项。同时,"益＋1"融合了新媒体的传播方式,活动辐射山东省十余个地市,公益使者的队伍也不断壮大,用社会活动强化《应急帮帮团》的帮扶品牌。2015 年在由新华网和中国社科院举办的"2015 中国社会责任公益盛典"上,"益＋1"获得该年度"中国社会责任公益创新奖"。

交通广播帮扶类节目举办大型的公益活动,一是能够利用大型活动造势,制造热点话题,引发社会的广泛关注,吸引听众的参与互动;二是能够有效地整合广播的资源,调动节目团队人员的积极性,通过前期策划、中期运营、后期维护的一系列过程,增加融媒体活动经验,提升移动互联时代的专业素养;三是好的公益活动能够吸引广告客户的关注,以活动换取市场广告的回报,提升广播媒体的市场价值和品牌价值。

3. 以明星主持打造品牌名片

对于一个媒介品牌来说,一名优秀主持人是一个标志性的名片,这就好比我们想到华莱士就会想到哥伦比亚广播公司(CBS)的《60分钟》节目,这就是明星主持带来的品牌效应和品牌价值。

交通广播帮扶类节目的内容、叙事话语和地域特征等决定了节目的主持人必须与节目的风格、宗旨最大程度地契合。节目在主持人品牌的打造上从两个方面入手:一是选择在本地具有一定知名度和影响力的主持人,同时要求主持人在知识结构、阅历、语言驾驭能力上都有较高的水平,能够应对节目突发的各种状况以及听众多种多样的需求;二是对节目主持人进行包装,强化主持人的外在形象以及内在涵养,不仅为其打造符合其个性气质的个人写真、影像,还利用官方渠道推广主持人的个人社交账号,更新主持人的个人动态,拉近主持人和听众之间的距离。

在这里以上海交通广播《1057大家帮》主持人白大姐(白瑞)、太原交通广播《107帮助热线》主持人楚月两位主持人为例分析。

上海交通广播《1057大家帮》2017年4月7日的节目中播出了43岁的新疆喀什反恐一线民警连龙离世后不足百日,他四岁的小女儿悦悦被确诊为急性淋巴细胞性白血病的事情。节目播出之后,《1057大家帮》节目组和上海市志愿服务公益基金会账户内不断收到来自社会各界的捐款。截至10日下午3点,善款总额超过30万元,足够支付小悦悦的医疗费用。

4月10日的节目中,主持人白瑞与小悦悦的母亲进行了连线,白瑞说:"悦悦妈妈,你记住大姐跟你说的话,只要你在上海有什么问题,比如说我想回乌鲁木齐需要车送机等类似的问题,你都可以告诉大姐,我这里有这么多热心的市民都可以帮助你,听见没?你忙着去照顾孩子吧,不多说了,跟悦悦说,有一个电台那么多叔叔阿姨都在关心着她。"

这里,白瑞对小悦悦母亲说的这段话非常鲜明地凸显了白瑞的形象——一个贴心、温暖、热情的,与求助对象一直在一起的知心大姐。这样的形象也非常符合上海交通广播《1057大家帮》节目的定位,节目一直致力于在平凡的日常生活中发现爱、传递爱,并激发出人们内心向善、向上的力量。主持人白瑞的形象非常容易拉近节目与听众的距离,听众也自然而然地记住了节目的品牌形象,节目的理念也在主持人和帮扶对象的对话中升华。

与《1057大家帮》不同,太原交通广播的《107帮助热线》节目主要为听众进行维权。比如在2017年11月7日的节目中,王先生在某网购平台购买了一个高低床,在安装过程中发现床有严重的质量问题,王先生要求退货时,客服告诉他质量问题是暴力运输导致,如果要退货运费和拆床费用自理,且运费高达500元。楚月对王先生说:"也就是说床你没用,你就要付出这么高的费用,正常人会这么做吗?(王先生:不会)这就是他的用意!客服明显有问题,物流的问题和我有什么关系呢?我干吗了?非要让我付运费,成何道理?'双十一'我告诫大家慎重噼里啪啦网购东西。"

与白瑞不同,楚月是一个客观公正、仗义执言、言辞犀利、敢于批评的主持人形象。这段对话中,楚月用了很多口语的语气词,用反问式的批评方式加重情绪,主持人鲜明的个人形象成为节目的一张名片。

四、融媒体环境下交通广播帮扶类节目的发展策略探析

十九大报告关于新闻舆论工作的论述中明确指出,要高度重视传播手段的建设和创新,加强互联网内容建设,建立网络综合治理体系,营造清朗的网络空间。交通广播帮扶类节目是基于新传播手段产生的具备互联网基因的节目形态,在媒介融合进入高速发展的时期,人工智能、物联网、VR/AR等技术因素为新媒体注入了更多的智能基因,如何适应变化,优化媒体内容生产和传播,提高新闻传播的传播力、引导力、影响力、公信力,坚守传播社会主义核心价值观的主流阵地,对于帮扶类节目的未来发展至关重要。

(一)强化人文关怀,拓展和深化服务功能

交通广播帮扶类节目经过了一个快速的发展时期,基本形成了比较成熟的节目运营模式,吸引了广泛的受众人群,产生了良好的社会效应,成为普通人互帮互助的重要平台,但帮扶类节目仍有很大的继续探索完善的空间。帮扶类节目最为人诟病的是其本身存在的媒介伦理问题,实际上也就是广播媒体在社会问题上的"角色越位",这导致群众有了问题不去找政府有关部门,而是直接依赖媒体的力量去解决问题。

广播媒体实际上应该是社会的瞭望者,多去追问"为什么",多去研究社会运行中呈现的复杂问题,唯有如此,才能真正用广播的服务去推动社会的进步。

1. 提升节目的内容把关和舆论引导

在实践中,交通广播帮扶类节目在内容上存在的主要问题是传播的低门槛使聚集在节目平台的信息杂乱无章,甚至产生谣言滋生的现象,平台缺乏对信息的过滤、整合机制。再者,帮扶类节目在播出内容的选择上出现了雷同,对于民生议题的关注仅聚焦在单个问题上,或者为了节目效果,过于曝光求助者的个人隐私,没有深入到求助内容的背后去挖掘深层次的社会背景、制度漏洞等原因,降低了节目的传播价值。而且因节目的内容与社会问题有着直接的关联,很容易使网友产生情绪上的共鸣,这种社会的共性情绪合流速度快,产生的影响可能超越事件本身,容易造成对某些既定的话语、行为或认知的侵蚀甚至侵害。①

对此,笔者建议帮扶类节目首先要强化人文关怀,真正关注求助者所代表的某一类社会群体的生存状态,挖掘其所反映的普遍性的社会问题,引起相关部门和社会组织的重视,才能从根本上杜绝此类问题的发生,也才能真正促进社会的和谐和安定;其次,加强对节目各移动媒体平台社区的管理,运用技术手段建立对社区信息的过滤机制,强化媒体的把关作用,净化社区环境,让节目的社区真正为求助者服务,而不是积蓄网络戾气;最后,建立针对网络舆情的应对机制,及时发现负面信息,主动采取行动引导舆论。

2. 深化节目的公益内涵和社会担当

虽然交通广播帮扶类节目已经在全国范围内形成了一定的规模,但是通过对这些节目样本的梳理可以发现,大多数节目都是照搬河北交通广播《992大家帮》的形式,在内容和理念上并没有对所在地区的社会问题和公益现状有所思考。在这一点上做得比较好的有上海交通广播《1057大家帮》节目,节目从上海这一国际化大都市的现状入手,聚焦大城市中人与人之间的

---

① 邓向阳,向娴.网络舆论娱乐化传播的负面社会效应[J].青年记者,2018(1).

关系以及如何消弭大城市中普通个体的孤独感和无力感,从而成功打造出一档具有人情味的节目,社会效应丝毫不比前辈《992大家帮》逊色。此外,大多数节目关注的帮扶问题"短、浅、软",内容多是危困应急帮扶和维权监督帮扶这两种类型,短时间内的确可以吸引观众眼球,但长期来看,难以承担更多的媒体社会责任。

对此,笔者建议交通广播帮扶类节目必须提升公益内涵,在节目的未来发展中,用一种高度的社会关怀和公益担当去回应社会的热点问题以及敏感问题,以建设性的视角去敦促社会不断进步,而不是被节目所属的"帮扶"二字限制。这类节目的格局不应如此,相反它是要站在时代的浪潮中去关注每一个普通人的命运。

同时,交通广播帮扶类节目作为弘扬社会主义核心价值观的主流阵地,要积极对接国家的重大政策议题,号召帮扶类节目联盟成员从各地的地域特性、资源优势入手响应政策议题,策划丰富多彩的公益活动,也可以从各地的公益活动中选取精华汇集成覆盖全国的主题公益节目进行播出,让交通广播在公益活动方面形成声势,产生更广泛的社会影响力,更好地传播社会主义核心价值观。

(二)借力新媒体平台,探索全新的运营模式

1. 打造适合移动收听的内容产品

对于传统广播来说,优质的音频内容始终是核心的竞争力。广播从传统媒体转型成为融媒体内容生产商和运营商的过程中,必须积极再造内容、抢占移动传播的阵地,重塑传播价值。短视频、短音频适应移动化、碎片化的传播趋势,是广播媒体打造视听新生态的"突破口"。

对于帮扶类节目来说,节目的微博、微信、客户端社区以及日常直播能产生巨大的内容资源,每天从这些内容中精选出几个帮扶案例,累积下来产生的优质内容资源是非常可观的。帮扶类节目在内容传播中必须去"产品化",取而代之打造内容产品,也就是将帮扶案例制作成自带话题、短小精悍的短视频、小视频在社交媒体平台播出,相比单纯的文字、整期的节目音频,

这更具有传播效果和市场价值。更为重要的是,交通广播自身要进一步进行体制机制创新,创新人才的激励模式,支撑内容产品的创作和运营。

这一点,国外广播媒体已经在逐步探索中。拥有92年历史的美国KMOX在内容的运营上打造"看得见的广播""可视化广播",其视频策略有三种方式:短视频、视频直播以及音频向视频转换,以此弥补广播单一传播方式的不足。① 从国内来看,上海广播电视台东方广播中心从2016年开始就将"短音频"战略作为传统广播融合转型的重要抓手。② 以《1057大家帮》节目为例,每天都根据节目制作几条3～10分钟的短音频并抽取到各移动平台。

同时,上海广播力图将短音频产品系列化、版权化和受众细分化,实现在互联网上"可搜索、可归类、可传播"。而且上海广播尝试引入市场孵化机制,设立了媒体融合转型内部专项创新基金——阿尔法基金,并制定了一整套"短音频激励办法"支撑短音频战略的发展。

2. 运营维护帮扶类节目的社群

移动互联时代,用户的注意力趋于分散化,在广播的收听渠道变得多元化后,传统的广播频道要想留住听众、增强听众的黏性,广播的"社区化"是一个突破口,它让广播深入听众的社交圈,打造一个精神空间,延伸出另一个维度的广播空间。

广播"社区化"概念不仅是让受众产生直接行为意义上的互动和交流,从更本质的层面来说,它也是在打造一个精神空间。对于交通广播帮扶类节目来说,这样的精神空间更为重要。帮扶类节目基于地域性而产生,帮扶的对象是生活在共同空间里的人们,节目可以看成是一个地域的符号,节目的社区就是致力于打造一个汇集地域人群精神力量的互帮互助的空中社区。

在社群运营中,一方面,要充分调动社群活跃度,设置话题吸引用户参与讨论,利用活动营销的奖品、福利或者明星等提高社区流量;与此同时,

---

① 钟新,王岚岚.2017年国外广播动向与趋势[J].中国广播杂志,2018(2).
② 孙向彤.短音频——广播音频变现的支点[J].中国广播,2017(6).

充分挖掘社群的内容资源,开发基于社群资源的移动内容产品。另一方面,为社群建立规则,保证社群空间的良性生态环境。《1057 大家帮》栏目曾在一期节目中播出一个乘客未付滴滴打车车费,节目播出后,该乘客主动交还了车费,但在阿基米德的节目社区仍有听众人肉乘客,给乘客发短信进行谩骂,类似情况节目应该及时予以规正。

3. 依托内容资源拓展产业价值链

由于移动音频平台的兴起,广播的市场格局和产业生态面临着巨大的冲击。以前传统广播产业经营收入最主要的来源是广告,但在新媒体时代,受众被严重分流的前提下,单一的创收模式很难支撑起广播媒体的发展。广播媒体必须依托内容资源,实现广播产品的深层次开发和多次转化增值,将盈利模式从广告转向挖掘听众的消费能力,构建起广播的产业价值链。

对于交通广播帮扶类节目而言,一是可以尝试"内容付费",聚焦优质内容的"变现价值",黑龙江广播 2017 年 8 月在"懒人听书"App 上线广播剧等付费收听内容,目前上线节目累计点击量超过了 60 万。帮扶类节目的原创内容与人们衣食住行的方方面面都有着密切联系,节目可以利用数据技术分析用户的兴趣爱好,将对用户有价值、用户愿意收听的内容制作成付费产品,用户自然愿意为内容付费。二是利用广播媒体平台化的机遇,与电商联姻,围绕汽车周边产业或者具有地域特色的产品挖掘商业价值。前文提到的浙江、上海、河北交通广播都已经在微信平台上开设了微信商城,河北交通广播推出的"冀窖"992 定制酒具有鲜明的地域特色和文化特色,广东羊城交通广播与"滴答滴"平台合作,创造了一天卖出 500 台车的记录,这些节目都在广告盈利模式之外创造出效果更显著的商业运作模式。

(三)整合媒介资源,激活全国性的帮扶平台

交通广播帮扶类节目与其他媒体的帮忙类节目相比,一个非常显著的不同就是交通广播真正实现了不同媒体之间的跨区域联动,打破了各自帮

扶的分散局面,将爱心的力量汇集成一股强大的声势。2016年成立的全国交通广播帮扶节目联盟是展示和推广交通广播帮扶类节目的聚合平台,该平台目前尚处于起步阶段。今后,全国交通广播帮扶节目联盟平台的发展网络可以进一步搭建,激活平台的集群资源,更好地推动全国交通广播帮扶类节目的发展。对此,笔者有以下三点建议。

1. 建立跨区域信息共享及协作发展机制

对于帮扶类节目来说,很多节目具有推广价值的实践经验,一些好的内容产品、活动样本都停留在本区域内。一些节目为了帮扶而帮扶,帮扶活动产生的社会效益微弱,没有长期的发展战略。再者,各地交通广播在对河北交通广播《992大家帮》节目的内容生产运营模式的移植过程中,除了上海、羊城、天津、山西等交通广播的几个节目有所创新外,一部分节目忽略了将节目与地域性特色结合,也忽略了在其成功经验的基础上融入更为丰富的互联网基因,这使得帮扶类节目的内容、形态较为单一。

羊城交通广播所属的广东广播电视台在这方面提供了很好的案例。"大爱有声"是广东广播电视台于2013年创立的大型公益行动品牌,这一平台是媒介资源整合的一个典型案例。在"大爱有声"品牌创立之前,广东广播各系列频率多是"单打独斗"。于是,"大爱有声"将旗下羊城交通广播、广东新闻广播、珠江经济广播等九个广播频率和珠江网络传媒的资源进行整合,形成合力,开展公益行动。①

"大爱有声"除了在各个频率保留常设节目,还定期举办公益活动(如表5-4所示)。通过凝聚近300家社会机构,以线上线下结合、融媒体互动的方式,开展了500多场公益活动,播出了1,500多集公益主题节目,产生了广泛的社会影响。2017年"大爱有声"对接广东的精准扶贫工作,将"精准扶贫"作为年度主题,如表5-4所示。同时,"大爱有声"还上线了App,为公益机构、志愿团体搭建公益服务和公益传播平台。

---

① 鄢映霞.大爱有声:融媒聚力传播社会正能量——记广东广播"大爱有声"大型公益行动[J].中国广播,2016(4).

表 5-4　2017 年"大爱有声"主要线下活动①

频　率	活　动
广东广播电视台新闻广播 FM91.4/AM648	大爱有声·母乳爱;大爱有声·社工行动;大爱有声"铮心帮"爱心公益项目
广东广播电视台音乐之声 FM99.3	"大爱有声·狮爱满屏"帮扶高血压患者;大爱有声·走进星星的孩子
广东广播电视台羊城交通广播 FM105.2	大爱有声·幸福羊城这一刻;大爱有声·文明出行在羊城——"齐齐整整,骑心协力"活动;大爱有声·爱心送考
广东广播电视台城市之声 FM103.6	大爱有声·关爱失独妈妈;大爱有声·无障碍电影欣赏会
广东广播电视台南方生活广播 FM93.6/AM999	大爱有声——广·播·爱;爱心伴你行,2017——百位名医进社区公益行动;大爱有声·动听南粤——广东曲艺传承"一带一"公益行动
广东广播电视台文体广播(经典 1077)	大爱有声·健行广东;大爱有声·爱读书,爱运动
南粤之声(深圳优悦广播 FM105.7)	大爱有声·大爱在路上

帮扶节目联盟必须激活平台的资源优势,探索建立信息共享、活动共赢、携手帮扶的跨区域协作发展机制,让一些尚不成熟、面临发展困境的节目能够在联盟中获取资源,补足"短板",壮大帮扶类节目在全国各地的力量,并树立起联盟的品牌价值,为帮扶类节目的可持续发展探索更多可能。

2. 积极创建人工智能技术合作平台

大数据分析、人工智能、物联网等新技术开启了传媒行业的智能化时代,智能化将驱动一场新的内容革命,传统媒体要在智能化的背景下进行新的转型布局。② 2018 年的全国两会上,《人民日报》、新华社等传统主流媒体的智能内容产品纷纷亮相,广播媒体也在积极探索"资源云端化、内容垂直化、服务场景化"。然而,对于大多数传统媒体而言,人工智能技术仍然面临着比较大的瓶颈,这主要源于资金和资源的不足。

---

① 冯莹斐.数据|为爱发声——广播公益类节目的特征及品牌效应[EB/OL].(2018-01-24)[2018-06-30].http://www.sohu.com/a/218526376_738143.
② 彭兰.移动化、社交化、智能化:传统媒体转型的三大路径[J].新闻界,2018(1).

对此,帮扶节目联盟可以利用资源整合的平台、资金、人才、资源的优势,积极与技术领先机构合作,积极建立人工智能技术共享平台,在语音数据的识别、分类、搜索,语音的文字转化,语音数据专题的智能生成及社群管理机器人等若干方面积极作为,解决技术支撑力不足的问题,为帮扶类节目提供技术支持,以便其更好地应对智能化时代带来的技术挑战。

总而言之,"服务"是广播的天然属性,尤其是交通广播,从诞生之日起就以"服务移动人群"为发展根本,交通广播利用自身优势开展道路救援、爱心送考、危困帮扶等一系列公益服务,将"服务"属性提升到了新的高度。可以说,广播一直是弘扬主旋律、传播正能量、为听众服务的主要阵地,而帮扶类节目能够发展壮大,产生广泛的社会影响,正是这种历史积淀的结果,帮扶类节目延续了广播媒体"服务"的属性,让其在新的时代条件下有了更丰富的内涵。

当前,中国的传媒业正在发生着激烈的变革,传统广播转型发展正加快脚步,广播的伴随性、移动化、及时性使其天生就带有互联网基因。在融媒体环境下,有声内容的消费市场空间蕴含着无限的可能。对于帮扶类节目而言,不仅要继续为听众创造良好的服务体验,与听众共同创造价值,还要保持和弘扬节目的理念和品牌价值,一个健康、长远的公益传播的理念能够产生持久而广泛的文明渗透力,真正实现听众的信赖和使用黏性。要想让交通广播帮扶类节目倡导的社会主义核心价值观真正地深入人心,就必须将其融入社会生活,让每一个人在持久而广泛的公益实践中感知它,相信未来帮扶类节目可以完成这样的使命。

目前对于交通广播帮扶类节目的研究还处于起步阶段,相关文献资料少,节目的内容样本又多,加上笔者相关理论和实践基础不够,使本文的研究存在一定的不足。交通广播帮扶类节目是一个值得深入挖掘的研究课题,相信在未来关于它的研究会更为丰富。

第六章　中国交通广播公益活动研究

一、移动互联时代"交通广播＋公益活动"模式

（一）"交通广播＋公益活动"模式形成

1. 移动互联时代交通广播的发展困境

纵观20世纪90年代之前世界广播专业化、类型化的发展历史,节目内容可划分为新闻频率、音乐频率、体育频率等不同类型,但交通广播这一类型却始终没有出现。我国交通广播的产生有其鲜明的个性特征,与其他类型化的广播频率在生存和发展方面存在着千差万别的特色,其产生的社会效益和经济效益使得我国交通广播被业界称为"交通广播现象"。

1991年9月28日,上海人民广播电台交通信息台成立,开播后充分发挥和利用广播的特性,形成空中道路指挥中心。从1993年开始,羊城交通台、黑龙江交通广播、北京交通广播、天津交通广播、湖南交通频率、浙江电台交通之声相继开办。截至2016年,中国交通广播诞生25周年,全国在播的各级交通广播已经达164家,成为人们日常生活中不可或缺的陪伴。

我国交通广播在当下的传播生态中,有其存在的必然性和必要性。它的产生和发展在本质上是社会快速发展、人们生活方式变迁和我国广播界的变革所催生的。城市化进程推进城市交通大发展,社会经济发展使得中

国私家车保有量逐年上升。汽车领域发展带来的直接问题是城市管理难度增加和交通拥堵,交通紧张的状况日益突出,人、车、道路之间的矛盾越来越突出。作为服务于交通的专业广播频率,交通广播最初始也是最主要的职能是传播交通信息,将道路拥堵、道路突发状况、交通管制等各种交通路况服务信息第一时间传递给驾车人群,帮助其选择最优路线,合理使用道路资源。另外,交通广播契合了拥堵道路上封闭空间里受众的心理特征,既将广播的陪伴性特征发挥出来,又在一定程度上解决了道路管理问题。

我国交通广播顺应社会和媒体的发展,在全国各类广播频率中异军突起,带动了整个广播行业的发展,使其相对弱势的地位有所提升,并形成了自己的强势范围。但是随着互联网、移动互联网和各类新兴媒体的迅速出现、迭代,交通广播在内容生产、广告创收、经营管理等方面受到严重削弱。

(1)交通广播的内容优势正在减弱

交通广播建立的初衷是将收集到的交通信息整合并处理,通过广播传播,由于与交通管理部门保持密切的合作,交通信息相对权威、及时和准确,这也是交通广播的独特优势,满足了驾车场景下听众的刚性需求,从而形成了交通广播在驾车人群中的独特地位,品牌力和影响力也得到一定程度的塑造。但是移动互联网出现后,高德、百度等先进的定位系统和大数据,同样能够为使用者提供一手的交通信息,更重要的是提供基于用户个人位置的信息,相比之下更为精准。此外,车联网、无人驾驶等技术的出现和成熟能够逐步解放驾驶者的双手,将原有的场景打破,驾车人群有更多的选择。

(2)经营创收过度依赖广告

在全国各类广播频率中,交通广播的广告收入一直名列前茅,但是互联网技术的运用使得精准投放成为新趋势。目前交通广播仍然将单一模式的广告收入作为主要营利,没有对新情况做出及时的策略调整,增加了交通广播的经营风险;而且这使得节目内容受到挤压,影响交通广播的收听率和听众的黏性,不利于交通广播的良性发展。

(3)在融合过程中失去广播特性

新媒体的普及对于广播来说是一把双刃剑,既打破了原有的传播环境,对广播的传播方式提出了更高要求,又为广播带来了新的活力。但是目前来看,交通广播对于新媒体的应用仍然很单一,交通广播的优势在融合过程中并未得到扩大。

2. 交通广播嫁接公益活动的现实必要

交通广播的产生带有鲜明的公益性质。车多路堵的矛盾并不是我国城市发展独有的问题,欧洲、美国、俄罗斯、日本等地区和国家同样面临着城市道路交通问题,但是这些国家都没有关注到这一需求,更没有创办专业的交通频率。在媒介市场化的环境中,交通信息由独立的商业化公司运作,各个电台根据自身情况购买,进行相关资讯编排,这样的信息传播方式与我国的交通广播形态有很大的差异。与中国大陆交通广播功能特征、运作形式最为相似的一家电台是台湾地区的第一个专业电台,也是唯一一个公营电台——警察广播电台,"广播内容单纯且具权威性,独占了台湾交通信息听众市场的半壁江山。"[1]

我国汽车社会极速发展,大部分驾车人群缺乏现代交通文化的熏陶,交通职能部门也很难在短时期内完成管理者向服务者的转换,在这样的情况下,中国交通广播作为中间桥梁,沟通了车辆驾驶者和政府部门之间的关系。在与政府交通职能部门的合作过程中,借助政府部门的信息进行权威发布,传播当时稀缺且难以及时到达的交通信息,宣传交通法规。可以说,中国交通广播和公益事业有极其相似的指导精神:对弱势群体或需要帮助的群体进行精神或物质的帮扶。

迅猛的社会发展历程使我国进入了一个社会矛盾积聚的特殊历史转型期,这一时期的社会经济增幅显著增大,但与此同时社会矛盾高发频发。转型时期的社会发展能否平稳过渡,社会问题能否得到解决,关系到我国的发展命运。消灭社会中存在的种种矛盾和问题,使每个个体都能够享受平等的社会权利,各方面的利益关系得到妥善协调,社会公平和正义得以实现和维护。因此在构建和谐社会的过程中,首先,社会公益将弥补市场经济的失灵,保护弱势群体,缩小社会贫富差距,维护社会公平;其次,社会公益将填

---

[1] 田晟. 台湾广播业印象[J]. 中国广播,2003(4):54-55.

补政府角色空缺,提高政府工作效率,增加其在社会公益领域的政治作为。①

移动互联时代,对于交通广播而言,挖掘和利用自身优势,找准自身发展的侧重点才是进一步发展的关键所在。对于交通广播,时效性和针对性是其独特特征,路况信息已经不再为交通广播独家占有,交通信息也不再是稀缺资源,因此将路况信息和新闻资讯的服务功能与传播功能结合起来,分析收听人群在不同时段的收听场景,进行全方位、贴合的传播。现在的传媒发展态势发生转变,媒体服务已经被囊括进生活服务的范畴,传统媒体必须跳出原有的思维框架,站在更高的高度重新审视适合自身的未来发展路径。② 因此,打破广播媒体在信息传播方面的界限,将贴近性、服务性做到极致。

另外,在流媒体时代,传统媒体的传播力和形象力都被削减,如何将媒体特性和节目本身融合传播,发展交通广播的综合实力,其中一个重要的方面就是线下活动。"活动是节目的延伸,是节目的一种形态;不断锤炼有质量的活动,可以迅速提升媒体自身的活跃性,快速吸引受众,强化市场竞争力。"③

活动传播与信息传播有所不同,一次性或单向的传播都是失败的,需要人际传播、组织传播、群体传播等传播模式的相互贯穿融合。对于交通广播来说,线下活动主要利用原有影响力组织粉丝听众或更多相关群体参与,主要可以分为两类:商业活动和公益活动。对于商业活动来说,经济效益比较突出明显,同时服务性也可以在一定程度上体现,如北京交通广播的《1039交通服务热线》,定期在线下举办"侃侃侃"活动,帮助车企售车,为听众谋购车福利。交通广播参与组织社会公益活动的重要性体现在以下几点。

(1)实现传统媒体的社会责任

新闻媒介作为社会系统中的子系统,其所表现的基本特征依赖于一定

---

① 刘京. 公益是和谐社会的新动力[J]. 学会,2005(6):17-18.
② 潘迪. 内容、渠道、平台、服务、账号,一个都不能少——深圳交通广播的一次跨界试验[J]. 中国广播,2015(10):58-61.
③ 徐玫丽. 交通广播户外活动的策划和实施[J]. 视听界,2012(6):102-103.

的社会政治体制、经济体制和文化体制。当前我国社会体制的总体框架是"社会主义市场经济"模式,在该模式中,"社会主义"设置了各项社会事业的运转底线,"市场经济"将竞争机制引入到众多社会领域之中。在这一框架下,我国新闻媒介体制表现出"党始终保持对新闻事业的绝对领导,商业力量对新闻事业的'双刃剑'作用日益凸显,专业化的新闻事业体系初具规模"的基本特征[①],简言之,我国新闻媒体同时具有政治属性和商业属性。

另外,大众媒体是社会整体公信力建设的重头戏。作为党的喉舌,交通广播更应该注重自身所承担的社会责任,利用业已形成的公信力、新闻舆论传播力和引导力来传播社会主义核心价值观和正能量,营造和谐良好的社会氛围。

崇高的社会理念需要落地到现实社会中才能生长,而公益活动就是传播的最好途径之一,同时也能够更好地提升人们对社会主义核心价值观的认知程度和实践水平,因此交通广播参与公益活动,可以在很大程度上履行自身的社会责任意识,推动社会主义和谐社会的建设和发展,同时通过参与社会公益活动,进一步切实提高党的新闻舆论传播力和引导力。

(2)强化交通广播的服务职能

对于媒体的众多职能而言,最贴近受众的是服务职能,失去这一职能,媒体也就失去了存在的根基。服务职能主要体现在"上传下达",既要把人民的心愿、呼声传递给党和政府,又要切实地传达党和政府的各项方针政策。传播新闻信息是较为浅层的服务体现,而参与到社会公益活动,切实解决民众的问题是对服务职能的强化。

交通广播成立之初便以"服务"为核心,进行相关节目设置和创新。随着社会发展,"服务"仍是安家立命之本,但是外延应该有所扩展。社会发展下的服务需求不断细分,在原有的服务驾车群体、提供交通信息的基础上,辐射更多听众类型,关注更大服务范围,将"声音"所及的角落纳入交通广播的服务设置领域,能够有效地适应新的社会背景下大众的需求,同时使交通

---

① 秦汉,杨保军.我国新闻媒介体制的基本特征与可能改进方式[J].山西大学学报,2015,38(6):73-81.

广播的服务职能得到进一步深化。

(3)促进交通广播的经营发展

我国新闻媒体的双重属性要求传统媒体不仅要做好宣传工作,服务中心大局,更要利用市场规律,寻求经营突破,创造自身发展的内生动力。在经营过程中,盈利成为一个重要环节,如果媒体不盈利,就很难维持自身运转,更不能服务国家发展。

移动互联时代,注意力成为稀缺资源,面对无人驾驶等先进技术带来的危机,抓住受众注意力,提高受众黏度应该成为交通广播调整经营方向的一个重要着力点。公益活动在经营中需要良好品牌。而品牌形象的形成,需要经过长期的经营活动。交通广播必须走品牌之路,强化品牌意识,才能在经营方面做到可持续发展。对以声音传播为主的交通广播而言,在品牌塑造过程中,节目质量、名主持等都是必不可少的环节,而开展社会公益活动也是提升品牌、增强形象力和信任度的重要途径。另外,公益活动既是一种品牌推广,又是社会效益和经济效益并存的品牌供应。

(二)交通广播参与公益活动的角色及优势

1. 交通广播在社会公益活动中的角色

既作为大众传播媒介,又作为党和政府的喉舌,交通广播既要坚持为人民服务的根本原则,又要把最广大人民群众的根本利益作为相关活动的出发点和落脚点,交通广播有自己独有的多重角色定位。

(1)社会公益活动的有力宣传者

社会公益活动得以开展的基本前提是公益理念被公众所接受,公益活动被公众所了解。交通广播可以通过在常态节目中增加公益信息的传播,或专门开设公益性质的栏目来进行公益理念传播,为公益活动顺利开展进行有力的信息准备。另外,交通广播可以对已开展的公益活动、在公益活动中有突出贡献的人物进行大力宣传。

(2)社会公益活动平台的搭建者和活动组织者

对于当前的公益事业发展来说,不仅要鼓励大众广泛地参与到公益活动中,更要引导大众有效地参与到公益活动中。搭建社会公益平台,对参与者而言,提供了能够帮助弱者的机会,对受助者来说,得到了接收帮助的途径。从伦理学的角度来看,"人作为社会主体,其社会关系特征决定了人与人之间是相互依赖的,存在着一种合作关系。"这也是公益之所以广泛的原因。对于这样一种社会必然关系,交通广播通过它的影响力、动员力为其搭建可靠平台。

(3)社会公益活动的监督者

作为媒体而言,交通广播有较大的公信力。在参与社会公益活动时,具体的操作和运作可以交给专业的公益组织或公益基金会执行,但是必须要做好资源整合和活动监督,让整个活动公开化、透明化。这一作用不仅仅打通了公益参与主体——政府、非政府组织、公益机构、受助主体及普通参与者之间的沟通渠道,而且重塑了公益在人们心中的形象,有利于公益活动可持续良性循环发展。

2. 交通广播参与公益活动的优势

(1)广播的应急优势

随着我国应急系统的不断完善,广播被列为重点建设部分,而很多城市的交通广播电台都充当了应急广播的角色。面临突发公共事件时,应急广播在信息传播、动员指挥、协调调动等方面的优势非常突出。在临时启动的一些紧急公益行动中,交通广播具有强势优势。

(2)联合强势资源投入公益活动

"公益事业本身就是一项重视精神道德修养的事业,它的精神道德性主要表现在公益事业中强者与弱者之间的互动之中。"[①]如此说来,公益的本质便是用强者的资源去帮助弱者,交通广播拥有独特的交通优势资源,将它们整合后可以达到非常高的公益效应。

(3)把握公益活动节奏

现代公益越来越多地关注普通大众的困难。事实上,普通人是构成整

---

① 彭柏林.论当代中国公益伦理构建的必要性及其视角[J].重庆理工大学学报,2008,22(4):5-8.

个社会的真正主体。交通广播因为其建立时的目的,更多地关注平常人的日常生活,与生活节奏紧密贴合。这与现代公益所倡导的每个个体都是公益的行动主体,全民公益才是社会公益的发展方向趋同,鼓励大众广泛参与。

(三)我国移动互联时代社会公益新发展

移动互联时代的来临,不仅带来社会生活方式的变化,同时也在重塑社信息传播过程。在这样的背景下,社会传统公益格局也随之发生前所未有的变化——互联网公益应运而生。作为移动互联时代的新兴产物,互联网公益的产生和发展不仅建立在迅猛发展的互联网技术条件之上,同时,一定的经济基础和社会基础也是不可或缺的。

互联网公益凭借其技术优势和理念创新,呈现出轻便、准入门槛低、人人参与、信息高度透明等区别于传统公益活动的新特点。并且互联网公益通过利用科技配置社会资源,有效解决社会公益需求,连接公益各主体之间的信任链条,塑造社会公益氛围,极大程度地满足了社会公益事业的发展诉求并逐步探索公益产业的发展模式。

1. 我国互联网公益发展的主要特点

我国社会公益事业在中华人民共和国成立之初便已经初具雏形,经历了七十多年的变迁,逐渐展现出其在现代社会中的角色和地位。

纵观我国的社会公益事业发展历程,基本可以分为以下四个阶段:第一阶段是政府全面领导,包管包办阶段。1949年中华人民共和国成立后,政府在就业、社会福利、灾害应急方面提供全方位的救助,鲜有专门的社会公益组织和社会公众参与。第二阶段中出现了新的参与力量——社会局部力量加入公益领域,政府重启民政机构,启动公益组织运作。1978年我国实行改革开放政策,社会范围内可自由支配的资源和空间较以往都有大幅提升,同年设立国家民政部,这成为推动公益事业发展的关键性政府部门。随后中国儿童少年基金会、中国妇女发展基金会、中国青少年发展基金会等公益组织先后成立。在这期间,公益组织推出许多社会影响巨大的公益项目:春蕾计划、安康计划、希望工程等。第三阶段是社会各主体广泛全面参与阶段。综合国力大幅提升,灾害频发推动公益升级,公益事业开始走上快速发展阶段,有序且繁荣。在一阶段,大小基金会向社会各个领域延伸,社会资金进入社会公益事业。1994年民间力量进入社会公益领域,同年中国青年志愿者协会成立,志愿者群体开启社会公益活动新节点。我国现代公益慈善的转折点也在这一阶段出现。1998年特大洪灾,全国性参与社会公益活动改变了人们的公益观念,使得社会公益事业深入人心,公民的公益意识显著增强。1999年《中华人民共和国公益事业捐赠法》颁布,标志着社会公益事业进入发展快车道,公民志愿精神、公益活动呈井喷式发展。第四阶段为互联网公益诞生和萌芽发展阶段。公益信任危机频发,"互联网＋公益"引人关注。掀起我国公益慈善大地震的郭美美、卢美美等事件让快速发展的社会公益事业陷入信任危机,社会更加对民间公益组织的监管和政府的公益角色有所期待。同时互联网公益让公益更加贴近大众生活,微公益成为一种新的生活风尚。对中国"互联网＋公益",腾讯公益慈善基金会发起人陈一丹用三个关键词进行概括:"透明""科技""连接"。

互联网公益与传统公益相比,呈现出较大的不同,体现出以下几个方面的特点:

(1)参与门槛低,便捷性高

互联网公益中,科技的应用使得公益的门槛降至最低,人人都可以通过互联网参与公益,"指尖公益""随手公益"成为培养网民公益习惯的极大推动力。任何人在任何时间、任何地点都可以将参与公益的意愿转化为实际行动,这种便捷性使参与公益省去很多步骤,参与度大幅提高。只要有智能手机和接入互联网的电脑,就可以成为社会公益的参与者。

当然,轻松便捷的社会公益参与方式,必须有发展充分的科技作为支撑。2017年8月,中国互联网络信息中心(CNNIC)在北京发布第40次《中国互联网络发展状况统计报告》。报告显示,截至2017年6月,我国手机网民规模达7.24亿,较2016年底增加近3,000万人,网民中使用手机上网的比例也由 2016 年底的 95.1% 提升至 96.3%。① 与此同时,手机应用所搭建的场景更加丰富多元,移动支付等技术普及率不断刷新。技术的光速发展使得不论何种年龄段的人群,都可以通过移动互联网参与到社会互动中。"随手转发正能量",也使参与社会公益的人数有了明显增加,参与频率和次数大大提高。

互联网公益发展的十年历程中,"腾讯公益平台"累计捐款总计达 18.9 亿元。倡议为贫困学童提供膳食资助的"免费午餐"行动,由传统媒体人邓飞和多家传统媒体牵头,形成民间公益组织与政府的良性互动,开启政策倡导以及影响公共政策的制定,充分依托互联网等多重传播路径,广泛传播公益理念,形成社会公益良性效益。腾讯"一元购画"公益活动在微信朋友圈"病毒式传播",成为刷屏爆款,通过扫描分享页右下方的二维码,就可以进入"小朋友"画廊,色彩斑斓、画风各异的画作出自自闭症患者、脑瘫患者、精神障碍患者、智力障碍患者。如果对"小朋友"的画感兴趣,便可以通过下方"一元购画"按钮,捐上一元或自定义想捐出的钱款数目,而画作不仅可以被"购入",还能够被当作手机壁纸储存在手机里,画作成为"捐款证书"。

(2)可及性高,社会参与感强

根据美国社会学家格兰诺维特提出的社会学"强弱关系"理论,个人人际关系网络可以分为强关系网络和弱关系网络两种。强关系网络中人与人关系紧密,通过很强的情感因素维系,关系网络中的个体同质性较强;弱关系网络的特点则是关系网络中异质性较强,因此获得的消息呈现出多方面的特征。格兰诺维特认为,关系的强弱决定了能够获得信息的性质以及个人达到其行动目的的可能性。学者边燕杰根据这一理论提出,中国社会是一个典型的强关系社会。而移动互联技术在稳固强关系的基础上,逐渐加强弱关系连接,社群和网络意见领袖显现出其力量,这也为互联网公益活动参与建立了良好的基础。

传统公益因其组织特点和制度特点形成了"有钱人的公益"的社会刻板印象,参与人群也以中老年人为主,即事业有成、财务相对自由,"仓廪实而

---

① 徐家良. 互联网公益——一个值得大力发展的新平台[J]. 理论探索, 2018(2):18-38.

知礼节,衣食足而知荣辱"的中老年人参与社会公益活动热情较高。但是互联网公益打破了这一传统,民政部在2017年发布的数据显示,互联网公益捐赠主体由80后、90后构成,公益参与大众化、年轻化、小额化趋势明显。

早起动动手指,就能在全国不同区域的荒漠里种上自己专属的防沙绿植。2017年初,支付宝客户端上线一款以"碳账户"理念为核心的公益行动。用户通过步行、网络支付、网络购票等行为,积攒相应的"绿色能量",可以在支付宝里养一棵虚拟的树。这棵树长大后,公益组织、环保企业等蚂蚁生态伙伴们,可以"买走"用户的"树",在现实某个地域种下一棵实体的树。截至2017年8月底,其用户已超过2.3亿,累计减排122万吨,累计种植真树1,025万棵。在蚂蚁森林用户中,80后、90后人数大幅领先,占总数的83%。互联网公益的捐赠物已经不仅仅局限在金钱或者实物方面,而且更多地唤起社会对公益主题的关注和参与。"比捐钱更重要的,是深度介入公益主题。"中国社会科学院信息化研究中心秘书长姜奇平认为,捐步数、收能量等新颖的公益形式将互联网公益从单纯的活动产品层面扩展到公益服务和公益体验层面,利用互联网搭建生活场景,提高社会公众的公益参与度。

(3) 传播策略更加多元

与传统公益相比,互联网公益呈现出全新的公益生态。在互联网环境中,几大互联网巨头凭借技术和品牌的优势,在互联网公益中扮演着不同的角色,传播策略也各有不同。

新浪微公益平台具有传播和筹款双重属性,其明显的社交属性借助拟态环境使平台成为"舞台",同时在公益传播中利用公众的羊群心理,充分发挥互联网传播的杠杆效应和互联网的积聚效应,发动更多公众关注和参与社会公益活动。另外,新浪善用微博大V、明星、网红等微传播意见领袖作为传播中的关键节点,或经由粉丝扩大传播范围,或转发进行二次传播,在裂变式的信息扩散后,最终形成公益效应,更容易赢得广泛的社会认同。

利用明星等意见领袖掀起互联网公益一个成功的公益活动项目——"冰桶挑战",与新浪微公益平台的传播策略相似(如图6-1所示)。在"冰桶挑战"之前,利用互联网平台进行慈善募捐的尝试并不少,但是大多数活动都只是浅层利用互联网平台,没有摆脱传统公益理念的桎梏,相比之下"冰桶挑战"是互联网公益传播理念的一次转变。用微视频的方式,将"真人秀"概念引入严肃的公益活动中,娱乐化迎合更广泛的用户体验,点名机制也激发出普通受众的"弱关系"链条,使活动有了可持续传播的动力,其背后遵循的正是互联网思维——"重视用户体验和参与感"。

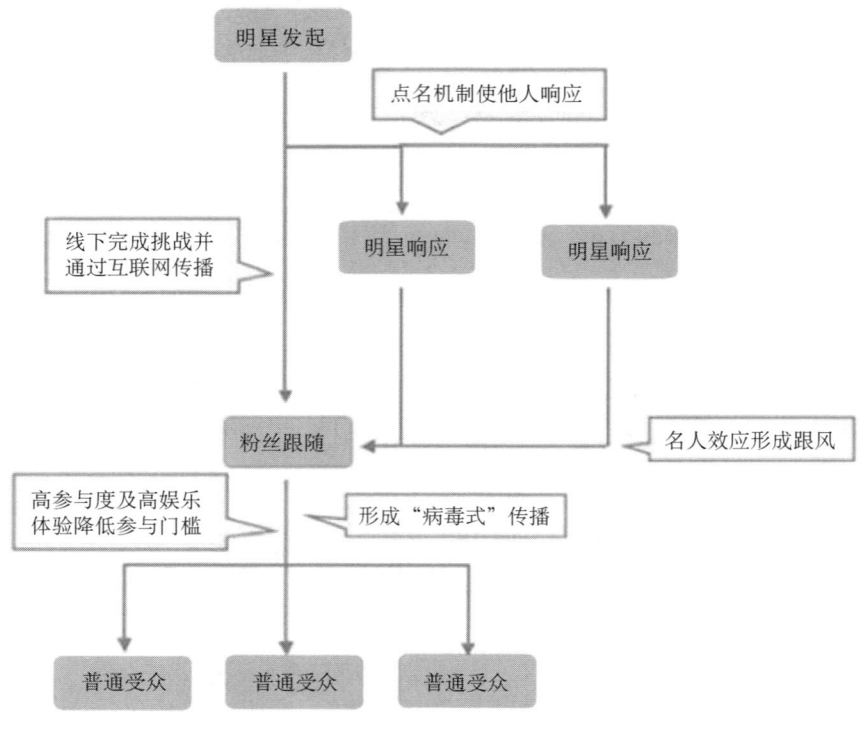

图 6-1　新浪公益平台传播模式

百度公益平台因为没有社交属性,在传播途径方面没有入口优势,难以借助人际传播在熟人中推广,转化率较低,但是百度公益平台凭借其搜索引擎和大数据,重点布局客户定制平台,通过公益组织入驻的形式提高其信息化水平,进而促进公益项目完成和促进筹款。

腾讯公益经过探索确定了其定位:"做人人可公益的创联者"。作为公众与公益组织之间的桥梁,互联网平台要做的不仅仅是牵线搭桥那么简单,推动公众更好地了解认同公益组织才能达到更优效果。2015年腾讯公益联合百家公益组织、知名企业共同发起"99公益日"活动,截至2017年已成功打造三届公益日活动。"造节"、场景化、去营销化互联网公益传播策略吸引了1,268万人次参与,捐款总额超过13亿元。"99公益日"借鉴网络"造节"的营销传播策略,赋予网络节日公益性内涵,节日意义、节日氛围等在传播过程中巧妙积聚社会认同。依托腾讯平台,公益日活动实现了公益传播的全场景覆盖。微信支付、微信阅读、微信步数排行榜,甚至腾讯手游《王者荣耀》都能够实现活动参与,将公益成功植入用户的消费场景、阅读场景、运动场景、游戏场景等多个日常生活场景,为公益提供碎片化的场景体验。2017年"99公益日"不仅全方位利用线上活动,更布局线下公益活动,推出"99公益日·市集",进行"内容+公益"的跨界创新。

(4)透明程度高

对于社会公益组织来说,公信力缺失是一个致命问题。在《中国公民慈善态度调查》报告中,公民自我评价慈善活动参与频率一般,其中63.3%的受访者认为,对公益慈善组织"不够信任"是影响自己参与公益的原因,认为"很好"和"比较好"的比例仅占15.9%。还有33.4%和30.8%受访者分别表示"不了解参与公益慈善事业的渠道"和"参与公益慈善事业的渠道不通畅"是影响自己参与慈善的原因。① 由此可见,我国公益慈善组织的公信力缺失已经成为公益事业发展的一大阻碍。

传统公益在实践过程中往往要消耗大量的社会资源,而互联网科技和新技术推动新型公益项目和新型公益组织萌发,科技与公益组织结合产生的影响力远远胜于之前。互联网公益的高速发展可以说得益于互联网将信息、个人和机构连接起来,将线上和线下连接起来,打通了原有的信息壁垒,通过互联网能够高效地获取公益需求,对公益项目的相关数据进行实时跟踪及汇总计算。目前来自互联网的公益捐赠在一些公益组织的捐赠总收入中占比超过80%。

---

① 人民网.中国公民慈善态度调查[EB/OL].(2013-08-02)[2018-06-30].http://www.people.com.cn/32306/355718/365587/index.html.

公益搭上互联网的快车,为众多公益慈善活动"供血"的同时,透明公开成为重要的因素,捐赠人所表现出的热情和信心,是对项目透明与否最直接的反馈。互联网平台在筹款后对相关信息的披露相对更加快速,披露细节同筹款数目正相关,披露得越细致专业,公众的信任度就越高。2017年腾讯公益请德勤公司帮助解决财务透明模板的专业化应用问题。对于互联网平台来说,另一个优势就是数据。数据只有根据不同需求被使用才能发挥其价值。互联网公益通过收集数据,并进行数据化分析和运营,能够大幅提高公益项目的透明程度。

另一方面,外部监管的更新增强了互联网公益的透明度和公信力。继2016年指定首批13家慈善组织互联网公开募捐信息平台"白名单"后,2017年民政部再次出台《慈善组织互联网公开募捐信息平台基本技术规范》《慈善组织互联网公开募捐信息平台基本管理规范》两项推荐性行业标准,除了事前设置准入门槛外,事中监管也在逐步展开。

2. 我国互联网公益发展的功能优势

由于互联网的特点鲜明,互联网公益的发展也呈现出不同的路径和类型。以产品特性来区分,大体有两种不同类型:单一型的公益类型和复合型的公益类型。单一型的公益活动主要是对单一公益活动产品进行互联网运营,复合型的公益活动主要指公益组织在策划公益项目时,会和其他项目连接捆绑,以发挥复合效应。随着互联网公益的发展,不同类型的公益活动中日益显示出互联网公益的功能优势。

(1)科技配置资源,提高公益效率

社会公益最重要的着力点在于帮助弱势群体,对这些群体提供相应的救助时,必然地需要一定的资金投入和人员帮扶。互联网公益募捐的方式多样,移动支付技术使得支付宝、微信、银联云闪付等成为常见的募捐途径,筹款能力和筹款效率较以往有很大提升,足够的资金和高效率都加速了社会公益的发展。

互联网公益除了在募捐方面有科技助力之外,大数据也成为支撑其快速发展的重要因素之一。传统数据体量小,主要依赖人工进行核算,计算速度慢,维度有很大局限。相比之下,大数据体量巨大,基本通过计算机自动处理完成,还能够对相关数据进行提取和全面分析。互联网公益借助大数据技术优势将网络中的公益数据进行比对,充分了解公益参与个体的特征,对其进行包括行为方式、影响参与公益的因素等在内的用户画像,以此得出互联网公益的统计规律。互联网公益还能够通过相关技术进行实时的互动和反馈,及时调整细节和走向。

(2)科技增强信任,传播公益参与理念

移动互联时代,传播公益最快捷的途径就是将公益与互联网有机结合,从而快速、高效地宣传公益,借助公益品牌提升社会影响力。互联网公益通过科技连接社会信任,一些公益项目在公开透明的运作过程中形成了独具特色的公益品牌,如前文提到的"免费午餐""轻松筹"等。传统公益有的以公益组织为中心,有的以爱心企业为中心,有的则以政府部门为中心,但是互联网公益呈现出"去中心化"特点,通过多主体、多形式等增强各参与主体之间的制约关系,借助社交熟人网络的扁平化优势进行传播和动员,使得公益活动的社会影响呈几何级数放大。

互联网公益在革新社会公益参与理念方面有着不可取代的优势和作用。随着社会价值观念的多元化,"帮助"的形式更加多元,所有社会成员都可以做公益,金钱数量不再是唯一标准,时间、精力、知识等都可以作为要素参与到社会公益活动中。

(3)形成公益产业模式,推动持续发展

传统公益活动多由单独的公益组织策划执行,项目和活动相对独立,缺乏系统性。互联网公益则不同,表面看起来同一公益组织在不同领域进行单独的公益活动,但是参与公益的各个环节已经形成一个生态链和产业链,形成有机整体,链条中的每一环都有其作用:公益信息的收集、处理、发布、传递,公益活动的策划、执行、反馈、监督等,使公益活动的各个参与主体——政府、企业、公益组织和社会大众都能全面及时地了解公益信息,参与公益活动,确保互联网公益活动在稳定的轨道运行。

对于公益事业来说,可持续发展需要更高的条件,包括专业人员、专业项目、公益资金、社会公信力等多重要素,如果这些要素缺失,公益活动将会处于无序状态,甚至动摇社会公益活动建立起来的公信力和接受度。互联网公益为社会公益事业提供专业的人员,了解公众参与公益的心理特征,并能够借助合适的传播方式扩大公益影响力。公益品牌和传播特点都对社会公众参与公益活动有吸纳作用。

二、移动互联时代交通广播公益活动的类型

新媒体环境下,交通广播的公益活动逐步产生新的类型,在探索过程中,围绕其解决受助对象面临的问题,关注弱势群体传播社会正能量的核心本质,通过发散性的主题和形式创新,实现了交通广播公益活动的不断进步。在此基础上,笔者以首届(2015年)全国交通广播优秀公益活动评选的获奖活动(如表6-1所示)为样本,总结出交通广播三种主要的公益活动类型。

表6-1 2015年全国交通广播十大公益活动

序号	电台	公益活动
1	广东羊城交通广播	2015年春运——九省联动,平安到家
2	新疆949交通广播	爱心献血联盟"欢·乐"天山梦为白血病孩子实现生日愿望
3	浙江交通之声	"让爱的分贝响亮"公益西湖诗会
4	贵州交通广播	"952找到啦"失物招领公益平台项目
5	湖南交通广播	2015一帮一爱心大行动
6	吉林交通广播	生命的读本——《抗战老兵口述史》抢救工程
7	太原交通广播	关爱环卫 从我做起
8	山东交通广播	《应急帮帮团》应急救援志愿服务项目
9	上海交通广播	穿越上海——大型互动体验活动
10	温州交通广播	温州广电市民义工团公益活动

(一)注重"用户体验"的"轻公益"活动类型

移动互联技术快速发展下,以博客、微博及各种社交App为主题的社会

化媒体逐步形成完善的网络结构,建立起一个以用户原创内容和社会关系为核心的虚拟平台。人们通过这个平台自发地实现创造、传播和消费的过程。在这个过程中,公开、共享、参与和对话成为最主要的特征。社会化媒体也带来了公益传播的爆发式增长,这种现象被学者称为社会化媒体的公益"翘尾现象"[①]。"翘尾现象"原为经济学专业术语,现在被广泛地用于社会各个领域,本文用该理论分析我国公益传播在移动互联环境下的快速发展。

1. 人人可参与的"体验式轻公益"活动

借力新型社交媒体的发展,以往的"大公益"被碎片化,"微公益"随后出现并成为主力,公益活动不再是"宏伟工程",突破了时间、地区、门槛等诸多方面的限制,活动主体更加依赖于公民个体,公共意识成为公益活动引导和动员的主要动力。社会化媒体参与公益活动,在互动分享和自发传播的过程中使活动透明化,同时激发潜在参与者的参与倾向。在这种活动类型中,用户体验是活动的重中之重。通过提升用户体验增强活动效果,提升活动的曝光度。在首届交通广播公益活动获奖项目(如表 6-2 所示)中,上海交通广播举办的"穿越上海——大型互动体验活动",单项奖获奖项目中的 1、2、3、7、11、14、16、17、18 号[②]属于该类型。上海交通广播"穿越上海——大型互动体验活动"是在我国政府提倡设立"世界城市日"的背景下,以宣传和推广世界城市日理念为出发点设计的主题公益活动。该活动同样注重用户体验,以"城市设计、共创宜居"为主题,设计了三条比赛路线,由劳动模范代表、文化信任代表、外国友人、上海青年等组成不同队伍,近千名市民通过步行、骑自行车、搭乘公共交通工具的方式进行公益定向赛,挖掘城市文明,传递公益理念。北京交通广播举办的"1039 行动派·2015 善行者公益活动"采用"公益+运动"的形式,将参与者分成不同队伍,共同完成 50 公里徒步挑战,动员身边的人参与支持公益活动,帮助贫困地区儿童全面发展。参与者只要身体素质适合长距离徒步都可以参与到活动中。活动汇聚了赞助企业、志愿者、医疗等力量共同参与,形成了良性循环。

---

① 张艳. 基于社会化媒体之公益传播"翘尾现象"探析[J]. 新闻与传播研究,2012(2):21-31.
② 由于单项奖获奖项目数量较多,在此进行编号处理。

表 6-2　2015 年全国交通广播公益活动单项奖

奖项名称	选送电台	项目名称
最佳公益传播力奖	1.安徽交通广播	大手拉小手——关爱留守儿童行动
	2.北京交通广播	1039 行动派·2015 善行者公益活动
	3.黑龙江交通广播	回家的路——关爱走失老人爱心手环公益活动
最佳公益影响力奖	4.河北交通广播	992 爱心农场公益夏令营
最佳公益创新力奖	5.天津交通广播	1068 帮帮团全城快闪公益行动
最佳公益思想力奖	6.大连交通广播	"岗位助学 & 爱心送学"活动
	7.徐州交通广播	一路好心情——快乐书屋
	8.深圳交通广播	地球一小时
最佳公益行动力奖	9.海南交通广播	海南交通广播 2015 年温暖公益系列
	10.包头交通广播	2015 小交警夏令营
最佳公益动员力奖	11.济南交通广播	开启绿色通道,为 120 让行
	12.湖北私家车广播	"爱心助学·让梦飞扬"1078 大家帮·八月爱心助学季
最佳公益组织力奖	13.辽宁交通广播	"日行一善·爱接力"年度大型公益活动
	14.江西交通频率	爱心接力,祈祷生命的奇迹
最佳公益表现力奖	15.河南交通广播	文明出行系列活动
	16.无锡交通广播	"小品秀的生命日记——从倒数到重生"系列
最佳公益建设力奖	17.楚天交通广播	湖北应急公益行
	18.重庆交通频率	红樱桃爱心志愿活动
最佳商业号召力奖	19.南宁人民广播电台	"爱的后备厢"大型公益自驾活动
	20.合肥交通广播	"1026 爱心后备厢"公益市集

受众可广泛参与这一特征还体现在对活动的传播过程中。互联网技术在这个领域形成了 O2O 模式,用户可以通过社交媒体直达公益活动,多渠道、多端口获得公益活动的信息,并同时在活动过程中借助新媒体技术影响

更多的人参与进来。例如,在"穿越上海——大型互动体验活动"中,参与者通过"随手拍上海"的方式在社交媒体端口进行活动"直播",将众多活动外围围观者转化为实际的公益活动参与者。

2."病毒式"传播的"轻量"公益活动

互联网公益创造了很多现象级病毒式传播的公益活动,如源自国外的"冰桶挑战"、刷爆朋友圈的"微笑接力"等。这些公益活动在众多公益活动中以"轻骑兵"的形象异军突起,用轻松的方式,借助名人传播效应和社交媒体,分享参与体验,带动强关系链条中的家人、朋友关注参与。

这种类型通常以适应快节奏、碎片传播、多元文化共生的传播环境为特点,用轻松的活动吸引关注者参与,形成"关注+行动"。值得注意的是,这种类型的公益活动通常不是为了完成一个具体的公益目的,而是通过公益活动传播公益理念,让一些公益口号落地,深度渗透公益精神。浙江交通广播"爱的分贝"主题公益活动举办的"公益潮跑"活动,将用户的兴趣爱好和公益联系在一起,在活动中满足用户需求并提升用户体验。深圳交通广播的"地球一小时"、包头交通广播的"2015小交警夏令营"等都属于这一类型。

3. 新鲜有趣的"年轻化"公益活动

互联网环境下的"轻公益"凭借其形式灵活和易操作性,在年轻群体中很受欢迎。从前的感动式、填鸭式公益传播方式在年轻群体中已经很难奏效。作为更新速度较快的传统媒体,交通广播要掌握更多受众,就必须注重适应年轻人的心理特征,找到年轻人的"痛点",吸引年轻人参与。天津交通广播的"1068帮帮团全城快闪公益行动"正是这一类型的探索实践,采用年轻人中时兴的快闪活动形式,利用交通广播的优势交通资源,打破了大众对以往公益活动严肃、呆板的刻板偏见,通过快乐做公益的理念营造轻松的社会公益氛围,顺应了互联网带给公民社会的变化。

可以看出,交通广播的公益活动除了符合常规的主流活动外,还出现了越来越典型的"轻公益"类型。顺应移动互联时代的发展规律,切合互联网思维,迎合时代新特征,通过更具创意的活动形式吸引更广泛的潜在用户,借助社交媒介实现广泛传播,真正实现了社会公益的初衷。

(二)跨界合作营造"盛典"公益活动类型

公益活动的"节日盛典类型"是指多主体跨界合作,媒体参与其中,多种力量形成合力,引起全社会广泛关注,同时具有强周期性和节日仪式感的全民公益活动类型。① 最早的公益活动"节日盛典"类型的范本出现在1988年,英国广播公司(BBC)联合英国"喜剧救助组织"举办了一场全民慈善捐款活动。交通广播也出现了类似的公益活动类型。

1. 资源"混搭"形成强势力量

在移动互联时代,社会力量分解细致,跨界思维成为主流,汇集各种不同的力量参与公益活动,推动政府、企业、公益组织、社会公众跨界合作能够得到"1+1>2"的活动效应。浙江交通之声"让爱的分贝响亮"公益西湖诗会是关注听障儿童的公益项目,邀请央视名主持和数十位华语名主播参与,通过活动为听障儿童筹集公益款项;广东羊城交通广播"2015年春运——九省联动,平安到家",广东、广西、湖南、湖北、江西、福建、海南、安徽、贵州九省交通广播和交警形成合力,共同发挥各自优势,打造春运期间热度极高的公益活动,社会效应和影响力辐射面优于以往。

2. 仪式感提升公益活动氛围

仪式感在人类社会中的作用非常明显,中国人很重视仪式感。不论是远古时期的结绳记事,还是每个节日必定会有的庆祝活动,都具有仪式特征。仪式所营造的气氛可以唤起人们心中的深层力量。英国人类学家菲奥娜·鲍伊提出,"仪式有许多功能,无论是个人层面,还是群体或社会层面,它们可以成为情感的渠道并表达情感,引导和强化行为模式"②。吉林交通广播"生命的读本——《抗战老兵口述史》抢救工程",在纪念中国抗日战争胜利、世界反法西斯战争胜利70周年的背景下策划举办,通过制作《抗战老兵口述史》,举办主题纪念公益活动,将抗战精神通过具有仪式感的公益形

---

① 强玉环."互联网+"背景下电视平台公益活动研究[D].湖南大学:新闻传播与影视艺术学院,2016:49-50.
② 鲍伊.宗教人类学导论[M].北京:中国人民大学出版社,2004:62.

式传播。

(三) 突发公共服务公益活动类型

对于交通广播来说,应对突发事件也是其主要功能之一,因此应对突发事件并进行相关公共服务,可以说是其功能的延伸。举办突发事件的公益活动不仅仅传递公益精神,营造社会公益氛围,更重要的是赈灾、解决突发状况,以及激发社会应对突发事件的积极性,凝聚各方力量,形成社会合力,增强应对能力。

1. 日常"微应急"及时化解危机

对于社会生活来说,每天都会发生的"突发事件"往往是生活中的小事件,虽不重大但是关乎社会成员的生活。贵州交通广播的"952 找到啦"失物招领公益平台项目就是着眼于这一点,进行公益活动创新,产生品牌效应,一方面帮助社会成员解决实际问题,另一方面提升交通广播的正面影响力和形象。

2. 常态应急活动普及应急理念

突发事件可以通过提前演练和相关知识的普及降低负面影响和损失。楚天交通广播的"湖北应急公益行"走进线下的各种社会社群和场所进行相关应急知识和措施的普及,将交通广播公益活动的范围从独立事件扩展成一个系列,形成常态活动机制,在很大程度上弥补了交通广播公益活动断点的弱点。

3. 参与突发事件传递社会正能量

在突发事件中,交通广播凭借强大的实时协调沟通能力能够及时、有效地介入,这类的公益活动往往能够瞬时吸引极高的关注,因此交通广播在参与突发事件的过程中可以传播社会正能量、提高社会凝聚力,同时能够加强活动组织能力、树立自身品牌。江西交通频率的"爱心接力,祈祷生命的奇迹"就是这一类型,通过偶然的突发事件使受众形成有问题找交广的"条件反射"。

三、移动互联时代交通广播公益活动的变化及特征

随着移动互联技术的快速发展和迭代更新,受众获取信息的习惯发生了改变,传统媒体原有的内容生产、传播模式和经营模式都受到了巨大冲击。在传统媒体和新兴媒体不断加深融合程度的同时,广播媒体也在逐步探索利用互联网平台和现代通信技术,"互联网+"与传统媒体的融合为其带来了思维、技术、管理等不同方面的变革和发展。交通广播在具体的活动执行过程中也在发生着变化,逐步呈现出以优势交通资源为主,整合各种社会资源,与多元主体进行跨界合作,开展多样的线上线下互动,通过社交互动平台进行参与等新型特征。

(一)广播媒体的媒介融合之路

交通广播的公益活动是广播媒体在新的媒体发展过程中进行的探索,随着移动互联时代的来临,也随着媒介融合的发展逐步更新蜕变。传统媒体的媒介融合不是一蹴而就的,而是分层次和阶段进行的。因此,有必要了解广播媒体在媒介融合过程中经历的几个阶段,来探寻交通广播公益活动的变化。

1. 浅层接触简单嫁接阶段

在互联网发展的起始阶段,商业网站迅速兴起并迅猛发展,其具有的互动性、开放性、低门槛、多媒体等特征迅速挤压传统媒体市场。此时,广播媒体纷纷建立官方网站,但泾渭分明,网络作为一个服务工具,处于同时存在但并不相融的阶段。在这一阶段中率先进行融合的是内容,但新旧媒体趋同,将节目音频上传至网络,供听众回听下载,网站被动地生硬展示内容,没有体现出新媒体的特征。

2. 拓宽渠道融合阶段

对于传统媒体而言,与新媒体的渠道融合过程其实就是传统媒体的信息传播渠道向互联网信息传播渠道逐步转化,与浅层融合阶段有所不同的

是拓宽了传播的渠道。除了声音传播渠道,目前广播媒体还积极发展不同的社交媒体渠道,如微博、微信等,建立公众号,通过"双微"传播,利用"强关系"的人际传播。另外,随着移动互联的发展,在这一阶段涌现出一批音频服务App,如蜻蜓FM、喜马拉雅FM等,但是这些App存在分流传统广播的收听市场问题,因此许多广播媒体利用新媒体技术创建自己的App,如北京人民广播电台创建的听听FM、上海东方广播的阿基米德FM等,不仅能够提供直播功能,还可以进行个人收听定制。

3. 传统媒体平台化深度融合阶段

平台融合是指将所有用户入口的平台连接起来,将分散的点连成线甚至是面,打通用户数据库之间的壁垒,形成更综合庞大但是联系密切的用户平台。在这一阶段,广播媒体以更开放的心态跨界整合各种相关内容,形成"信息+交互+电商+服务"的新型综合模式,为平台受众提供更多的服务内容。

(二)移动互联时代广播公益活动的变化

随着社会不断进步和广播媒体媒介融合的不断发展,由于社会公益事业和媒体行业基因相似,精神契合,媒体和公益在中国社会转型期结合得更为紧密。不可否认新媒体弥补了传统媒体的不足,但广播媒体更加注重搭建多元、高效的公益平台,为公益活动参与主体提供渠道。广播媒体同其他传统媒体一样,由公益传播者、号召者向公益参与者、组织者、推动者转化。

1. 从传统的公益理念到"互联网+"公益理念

媒介融合的初级阶段,传统媒体对于互联网的认识停留在将其当作一个新的传播工具,对于互联网的应用也硬性叠加,但是随着互联网的普及,"如何使传统媒介生产的内容产品能够有效地嵌入到社会关系渠道中,变成为今天构建传统媒介传播有效性最为关键性的问题"[①]。社会关系中最为核心的要素是"人",而互联网思维的核心理念是"互联互通"[②]。在新媒体时

---

① 喻国明.互联网环境下的新型社会创博生态[J].社会科学文摘,2017(1):23-27.
② 喻国明,姚飞.媒体融合:媒体转型的一场革命[J].青年记者,2014(24):26-28.

代,广播的受众不再是不知身份的模糊群体,而是特征明显、分众化、自主选择使用媒介的个体,因此必须依照用户思维进行内容和活动创新。"用户思维"要求媒体更加重视用户体验,充分考虑和满足用户的需求。除了用户思维以外,互联网思维还强调服务意识和平台观念,以"用户思维"为指导,搭建多角度的活动平台,提供全面的服务。互联网思维颠覆了传统公益的思维,催生出一系列新的微模式,如众筹、微公益等。广播媒体也逐步脱离了原有的捐款或传播的工具角色、公益活动的形式、用户的体验和广播公益活动的"长尾效应"。

2. 从单一的公益活动模式到多维互动

媒介融合不仅带来新的思维,更直观地还有新技术的普遍运用。对于传统媒体融合发展而言,其关键在于灵活运用新技术,利用新技术进行产品设计和经营。

第一,社交媒体新技术拓宽了广播媒体公益活动的传播和互动渠道。国内的微博、微信,国外的推特、脸书、领英等社交应用日益普及,社交 App 成为用户使用互联网服务的主要入口。广播媒体建立官方微博账号和微信公众平台成为普遍做法。社交媒体参与广播媒体公益活动,体现出以下两个重要的辅助作用。首先,社交媒体可以实现公益活动的实时直播,突破了广播媒体原有的声音传播的限制,引起公众对公益活动更多的兴趣,同时为参与者提供更多样的参与方式,使公益活动传播不再受制于时间和空间。其次,利用社交媒体中的社交关系链条,将个人人际关系网络和互动植入公益活动,利用强关系链条吸引公众并调动他们加入公益活动的热情。

第二,移动互联技术更新了公益活动的组织方式。广播公益活动已经开始运用微信公众平台进行信息推送,可以线上实时报名,扩大了公益活动的影响力和覆盖面,并简化了流程,更易操作。另外,广播应增强借力意识,开发移动互联技术的深层次运用,以利于公益资源配置、公益活动动态管理和公益信息公开,大大提升广播公益活动的公信力。

3. 从单枪匹马到整合资源

移动互联时代为我们带来的不只是技术的更新和变革,还带来了互联互通的社会观念,过去相对分散的、割裂的社会资源被汇集到一起,社会中的各种资源被重新激活、整合、利用,形成新的社会力量和社会资源配置方式,依靠社会资源的公益活动受到很大程度的影响。传统的广播公益活动以电台自身的社会资源为主,凭借一己之力进行线下动员,基本处于单枪匹马办公益活动的状态,活动效果和影响力都非常有限。在移动互联技术的影响下,广播开始整合所有涉及和重合的社会资源,从活动的主办者逐渐变为公益资源的整合平台。

资源整合平台化促使社会公益主体——广播、政府部门、企业、公益组织、互联网公司和公众同时处于统一平台,打破原有的资源共享壁垒。这样的资源整合方式解决了传统公益活动的矛盾,淡化了商业和公益的边界,打破了政府和市场的障碍,高效便捷地将社会公益资源效应最大化,形成一个辐射能力巨大的公益集合体。这样能够激活很多传统公益活动无法辐射到的限制资源,最大限度地调动、开发和激活配置全社会范围内的公益资源,为公益活动提供更多的保障。

(三)移动互联时代交通广播公益活动的特征

在前文中我们已经了解到,移动互联为广播媒体举办公益活动提供了思维和技术的更新。对于特色鲜明的交通广播来说,除了跨界整合、互联互通之外,还呈现出四个特征,具体表现为:紧抓优势资源发散创意、多元主体跨界合作、区域联动形成强势传播、形式多样注重用户体验。

1. 紧抓优势资源发散创意

同其他媒体和平台的公益活动相比,交通广播最大的优势在于专业化,天然地和交通管理部门有深层次的合作和沟通,与汽车厂商等有密切的联系,有车一族参与互动的热情度较高。在移动互联时代,资源的整合利用是重中之重,将资源合理分配是不容忽视的一环。对于交通广播来说,优势资源明显,但因频率专业性导致的局限性也较为突出。互联网时代的公益活动层出不穷,涉及的主体和范围都在细化,因此不能仅仅着眼于优势资源领域。将掌握的优势资源与公益领域内的新探索联系起来,利用资源优势辐射公益范围,广泛地参与到社会公益活动中,形成交通广播的公益活动品牌效应。

2. 多元主体跨界合作

在移动互联时代,要实现资源整合和分享,必须将资源主体进行汇集。而交通广播既是公益活动的参与者,又是连接多种公益主体的纽带。

(1)交通广播是资源整合者

相较于新媒体,传统媒体的最大优势在于其公信力和丰富的社会资源,《南方都市报·公益周刊》主编龙科提出,由于中国媒体的特殊性质,至少有政治、社会、市场和专业主义四种特性,这使得传统媒体在社会公益活动中更容易进行平台化建设,以媒体来支持公益,以公益来凝聚社会,进而推动中国社会的转型和进步。交通广播应该形成自身与公益的双视角,将自身的优势资源扩展到公益活动中。

(2)政府是官方赋权者

在我国公益发展过程中,政府始终支持重视,但是随着社会的进步发展,政府在公益事业发展过程中的角色在逐渐转变。在我国公益事业发展初期,政府是公益的行为主体,同时将公益事业视为解决社会问题的途径,这样的做法在一定程度上弱化了政府的职能。随着社会公益事业的发展,公益组织和非政府组织开始出现,政府除了制定相关的法律法规外,逐渐减弱了对公益事业的参与和监管,以致井喷式出现了一系列公益组织信任危机事件,造成公益事业遇冷。在移动互联时代,政府资源亟待激活和整合。政府通过赋权直接参与公益活动,既体现出政府的公益态度,又将政府资源盘活。

(3)企业是积极驱动者

市场经济快速发展的背景下,我国企业的社会责任形象的建立步伐也在加快,在参与社会发展、实现社会责任方面表现出积极态度。对于企业来说,实现社会责任最有效的切入点就是参与社会公益活动,而社会公益组织也在积极寻找能够在资金、管理、人才等多方面提供帮助的对象,这样就形成了企业与公益的"互助互动模式"。

(4)公众是公益活动的核心力量

显而易见,社会公益活动离不开公众。首先,从目的性角度来看,公众是社会公益活动的前提。整合各种资源的目的之一,就是吸纳最大数量的公众参与到公益活动中,因此公益活动必须以公众为核心。其次,公众群体的参与能够迅速扩大公益活动的影响,实现公益活动的最终目标——传播公益理念,构建公益社会。

由此可见,作为传统主流媒体的交通广播通过更新理念和技术,能够将政府、企业、公众及公益组织串联在一起,除此之外,还能发挥公益事业所亟待提升的监督作用。

3. 区域联动形成强势传播

传统广播媒体具有明显的区域特征,而交通广播这一特点更为突出。这一特征对于广播媒体而言,既有有利影响又存在不利阻碍。有利之处在于立足本区域,深耕本区域的内容,利用地缘优势容易形成本地集聚优势。其不利阻碍是难以形成公益活动的规模效应,区域性公益力量无法打破地域限制互相沟通,不利于移动互联时代的资源共享。为了突破这一瓶颈,交通广播有自己的尝试和探索,中广联合会交通宣传委员会在公益活动方面积极探索"网状模式"——通过行业组织将全国交通广播汇集起来,进行创意共享和活动共办,形成强大的社会影响力,提高公益活动的参与度和知名度,全国百城百台爱心送考活动、"十省联动 温暖回家路"活动都是交通广播公益活动区域联动的有益尝试。

4. 形式多样注重用户体验

对于交通广播来说,公益活动正是其有力的公益产品之一。现代营销学之父菲利普·科特勒曾经说过:"一个伟大的品牌的核心是伟大的产品。"在移动互联背景下,交通广播在策划公益活动的时候要更加注重产品概念的更新。产品是一个整体概念,具有三个层次:现实产品、核心产品和延伸产品。现实产品带来有形价值,核心产品带来核心价值,延伸产品带来附加价值[①],其内在关系如图 6-2 所示。

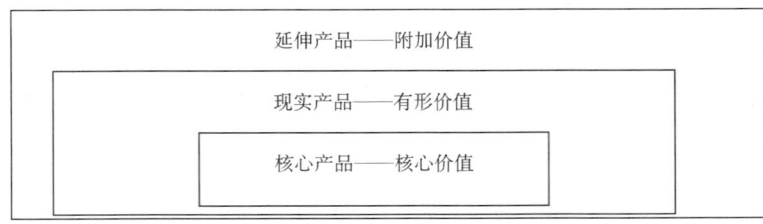

图 6-2　产品概念层次示意图

对于整体活动产品来说,不能忽视任何一个层次。现实产品注重高性价比,核心产品注重用户满足感,通过延伸产品刺激用户需求,拓宽公益活动链条。这是移动互联时代下交通广播不同于以往的一个新的特征。

5. 广泛利用新媒体技术、大数据技术

移动互联时代中不仅有概念和思维的启发,技术作为硬核同样对交通广播有所启迪。在全国交通广播的品牌公益活动"爱心送考"活动中,对新媒体技术的应用显示出融合态势。

近年的爱心送考活动突破以往的交通广播和交管部门主导、出租车行业主要参与的模式,推出全国首个"爱心送考云服务平台",为高考考生保驾护航。爱心送考活动与全国交通广播及百度地图联动,突破区域限制,利用大数据和定位功能,使爱心送考公益活动更加精准和有效,同时符合移动互联时代用户的使用习惯。

在公益活动中灵活运用新媒体技术和互联网思维,弥补了交通广播的弱势,将其原有活动的维度扩展,使活动更易参与、易扩散,形成更有力的社会影响。

6. 链条式发展关注公益长尾效应

长尾效应理论是产生于互联网时代的一种新型理论。自从问世以来,

---

① 冯利,章一棋.公益组织筹资策略——创造非凡的价值[M].北京:社会科学文献出版社,2015:51.

该理论已经跨越了新经济的疆界而进入社会理论。移动互联时代的互联网微公益中,长尾效应已经有所体现:虽然头部项目依然占大头,但是小项目经由公益参与热情激励表现得更好。

交通广播原有的公益活动大部分都呈现出单频、单一的特点,不利于形成活动持续效应和影响力塑造。在移动互联的背景下,注意力是最有利的资源,但是不能依靠偶然、单频的公益活动来吸引受众的注意力,因此在原有成功的公益活动的基础上进行链条式发展,以形成公益活动的"微生态系统",增强交通广播公益活动的长尾效应。以目前全国交通广播较有品牌力和影响力的公益活动——爱心送考活动为例,经历了14年的发展后,湖南交通广播、楚天交通广播等多家交通广播以原有的活动形态为起点,更进一步提出了爱心助考和对贫困家庭大学新生提供一对一的爱心助学,形成了相对完整的公益活动链条,吸引了更多的社会力量关注和参与。

四、移动互联时代交通广播公益活动的参与机制

现代社会中,社会活动的动员随着社会实践的逐渐深入显得尤为重要。社会公益理念逐步得到传播和接纳,公益活动的规模越来越大,组织社会成员广泛参与的要求也越来越明显。麦奎尔的"媒介功能论"认为,媒介本身就具有"动员"功能,任何社会活动的动员行为都离不开传播,而新兴的各种媒介技术则是为动员提供了不同于以往的渠道。对于这一论断保罗·莱文森认为,互联网除了是一种传播手段以外,还是人们"讨论、辩论、形成共识的手段"[①]。移动互联技术让新兴媒体的动员能力远超传统媒体。因此,移动互联时代,在交通广播公益活动的社会动员方面,要充分学习新兴媒体的动员特征,对公益活动进行组织宣传,同时调动线上线下的参与积极性,动员更多的社会力量参与公益活动,进而推动公益社会的形成和发展。

对于交通广播来说,其拥有的交通、车企、驾车群体等主要资源总体优于其他传统媒体,在策划公益活动时不再仅仅是媒体和公益的简单相加,而

---

① 莱文森.数字麦克卢汉——信息化新纪元指南[M].北京:社会科学文献出版社,2001:14.

是将资源作用最大化后慢慢形成社会运动的雏形。本章重点从社会动员基本理论出发,探索移动互联时代交通广播公益活动在主题设置、扩展认同、联动整合等几个环节的动员机制。

(一)移动互联时代交通广播公益活动的主题设置

移动互联时代,受众的注意力被碎片化信息分散,什么样的活动主题才能抓住受众的注意力成为交通广播做好公益活动的第一步。传播学者麦克姆斯和肖的"议程设置理论"认为,在大众传播的过程中,新闻报道和信息传达赋予各种"议题"不同的重要性,进而影响人们对周围事物及其重要程度的认识。在移动互联时代,新兴媒体改变了以往的媒介环境,议程设置的方式也有所改变。交通广播要及时改变公益活动相关主题设置的方式和方法,以"用户思维"为基础,通过不同场景的分析,设置不同的公益活动类型和主题,运用复合手段进行主题转播,进而达到社会公益活动动员的目的。

1. 交通广播基于互联网思维设置主题模式

当前交通广播在进行公益活动主题设置时,更加注重运用互联网思维,将活动主题与用户体验相结合,运用大数据等手段,使活动更加贴合用户需求,更具有吸引力。

(1)以用户的兴趣爱好为出发点设置活动主题

兴趣反映了人们的心理特征,对行为有直接的影响,甚至对行为有强大的驱动力。人们在选择参与公益活动时,主要动力是善意驱使,另一方面对活动的兴趣也在很大程度上影响人们参与公益活动的热情,这体现了参与动员机制的重要性。交通广播在策划设置活动主题时,找到与潜在参与者兴趣爱好相契合之处,更容易取得良好预期。而在了解和获取潜在参与者的兴趣爱好时,需要借助大数据进行数据收集和分析,进行用户画像,确保公益活动有的放矢。如北京交通广播举办的"北京善行者公益徒步活动",让名主持和徒步爱好者一起进行远程徒步活动,契合了参与者的兴趣,通过微信朋友圈的传播,将社群效应融入公益活动之中。

(2) 以突发事件为出发点设置活动主题

突发事件发生后,即便没有波及自身,自危心理和好奇心理也会驱使人们关注突发事件及相关信息,"共情"心理驱使人们关心和帮助突发事件中的当事人,此时作为应急工具的交通广播会获得比以往更高的关注度。及时应对突发事件,进行相关公益活动策划可以吸引更多的关注度,同时切实地解决相关问题,可以将这种模式下的动员机制概括成为共情动员机制。

(3) 以社会话题热度为出发点设置活动主题

社会话题"日日新",层出不穷,能够受到社会广泛关注的,一定是对社会公众产生较大影响的社会话题。关注社会热门话题,能够吸引关注该话题的受众的注意力,在举办相关公益活动的同时推动该问题的解决,以强化交通广播的服务性。在这一模式中,情理动员机制占主导。例如在春运期间,社会话题热度最高的是关注务工返乡群体,广东羊城交通广播在2015年春运期间举办的"2015年春运——九省联动,平安到家"正是利用这一话题,结合交通广播的传播优势,在春运联动报道期间,九省交警部门与交通广播勤务联动,第一时间向九省听众播报九省境内主要高速公路、国道路况信息及针对性安全提示;针对交通拥堵、恶劣天气、突发事故等紧急情况,交警第一时间通过九省交通广播发布应急疏导措施;各地交通广播还第一时间报道春运交通安保工作当中涌现出的先进事迹和感人故事,传扬广播大爱,以"马路欢乐帮"为载体,共同营造"春运路上,你我互帮"的良好社会风气。九省交警总队、交通电台联合建立信息共享平台,以后台统一录入、按权限审核、多渠道发布的信息管理模式,实现九省交通信息联动互通。听众可以通过九省交警、交通台公众微信、手机 App 等新媒体手段,第一时间掌控九省出行动态信息。

(4) 以特定节日为出发点设置活动主题

在日常生活中,节日作为一种文化现象,体现了人们对生活和世界的关注。我国传统节日和公历节日都数目繁多,现代社会在发展过程中也出现了很多特殊节日,如 3·15 消费者权益日、护牙日等。节日让生活具有仪式感,而公益活动也通过仪式感传播公益理念。

交通广播利用自身优质独有资源着力打造的公益活动品牌,能够更持续地吸引与积累关注和参与,同时可以扩大交通广播的影响范围和受众对交通广播的忠实度。在移动互联时代,用户是媒介的生产力和运营资本,汇集的资源最大化是根本目标。在日常的公益活动中,受众的内化动员机制尤为重要,这也是最高层次的社会动员——建立共识,将活动客体转变为活动主体,进而将观念内化转变为行动内化。

2. 利用多重途径"去中心化"传播凸显公益议题

传统广播媒体利用自身媒体特性,以公益广告、公益节目、公益信息播报等形式发布信息,参与社会公益。移动互联时代涌现出众多各式各样的新兴媒体,传播者通过新兴媒体能够更加便利和精准地实现公益信息传递,但与此同时信息过载也相伴而生,公益议题很容易淹没在信息的海洋中,因此在移动互联时代凸显公益议题显得尤为重要。

移动互联时代的一个重要特征即为"去中心化"。现代社会的信息传播过程中,主体更加多元化,"人人都有麦克风",这是共享精神的一种表达和体现,然而由于受众注意力资源是有限的,在接收信息时必然进行筛选,因此信息传播仍然带有鲜明的"中心化"特征,微博大V、知乎达人、贴吧吧主、公众号10W+等都是信息传递的中心。在"去中心化"时代中,交通广播在进行公益传播时,必须运用去中心化思维,抓住"驾车人群"这一"局部中心",吸引这一人群,辐射更大范围,达到中心化的效果。

对于广播媒体而言,节目主持人是吸引受众、提高黏性的一个重要因素,其为听众展示的是一种人格化传播方式,因此常常成为听众的听觉中心。可以说,他们能够产生一种"名人效应",为公益活动吸引更多关注。天津广播电视台在2016年启动"主播公益行"系列公益活动,这样的形式体现出"媒体人的初心和对城市与市民的人文关怀",从媒体的专业视角,更加敏锐地发现特殊群体的实际需要,使公益行动更加具备实效性和长效性。大连广播电视台体育广播《体坛龙虎逗》节目主持人洪耀从采访者进一步成为公益活动的参与者,在当地公益领域成为领头人。广播主持人能够带动更多社会资源加入公益活动中。

3. 公益传播网状扩散

传统的广播媒体公益活动传播符合传播学者拉斯韦尔的"线性传播模式",如图 6-3 所示。

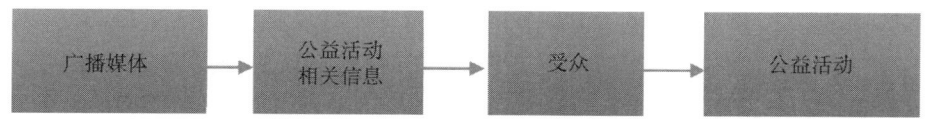

图 6-3　广播媒体公益活动线性传播模式

可以看出,传统广播媒体以往的公益活动宣传动员是单向度且渠道单一的,没有与受众的互动反馈渠道,无法将每一环节的参与潜力完全调动,资源没有得到有效整合。参与受众之间也缺少必要的沟通和联系,传播能力较弱,活动无法进行有效的联动。

随着新媒体的勃兴,微博、微信、社交网站等新媒体的出现,使得信息发布的渠道不断扩展,同时信息反馈和传递都更加具有时效性,因此新媒体凸显出在促进社会向心力发展、参与社会互动方面的重要作用。这一点恰好能够弥补广播媒体的不足。在移动互联背景下,交通广播公益活动呈现网状放射性扩散的特点。传播主体不只是媒体,还有汇聚后的公益活动参与主体——市场、公众、政府,而媒体在其间扮演桥梁和纽带作用,传播渠道也更加丰富,除了交通广播自身之外,还包括公益网站、社交媒体、互联网公益平台、主流音视频网站和专门的公益 App。在网状传播体系中,直接传播和间接传播同步进行,各传播主体之间的互动交流更加畅通,可以形成相对稳固的公益圈层。

广播媒体公益活动的主体大致包括媒体自身、公益组织、企业、公众和其他公益力量,各参与主体之间有着密切的联系和合作。通过"交流网络"建立对话机制,进行沟通和反馈,由此才能取得良好的社会动员效果,同时也为各主体之间的公益认同塑造奠定硬件基础。

(二)移动互联时代交通广播公益活动的扩展认同

早在20世纪90年代,美国作家约书亚·梅罗维茨在其著作《消失的地域:电子媒介对社会行为的影响》中,就已经开始探索媒介对大众的思想和行为等多个方面有何影响。由于电子媒介的普遍使用,信息的传播不再像以前那样受时间与空间的限制。人们可以身在远方却"临其境",当时的电子媒介是指电视和广播,广播主要传声,在时间、空间及成本上具有很大优势,而电视兼具声像,在现场感上占有优势。移动互联时代这样的情感卷入更加直白,公益活动的动员核心是内化认同动员。交通广播在认同环节上必须借鉴互联网媒体的经验——通过符号化建立情感共鸣点,增强互动仪式感,引发社会心理共振。

1. 符号化建立情感共鸣点

传播学家库利提出,情感需要进行符号化表达,因为抽象的情感如果不依托符号,就无法被他人体会。米德的"符号互动"论认为,自我可以分为"主我"和"客我"。移动互联时代,个体在以符号为载体建构起来的环境中进行公益活动,实现主我和客我进行对话与互动。在这一过程中,通过符号互动、意义交换,个体不断调整自身的行为,使主我与客我统一,进而建构新的群体身份认同。在移动互联时代的网络公益、微公益中,公益群体在参与公益活动时有多重心理诉求:圈层崇拜、自我价值的实现和虚拟群体人格追求。

就圈层崇拜而言,移动互联技术让人们更容易获取社会信息,在对信息进行收集判断后会自发地划定关注的范围和圈层,人们往往会选择与自己同处一个圈层或略高圈层的群体,以此获得新的虚拟身份,"虚拟认同和共享意义是动员客体能够被动员的关键因素"。在进行公益活动动员环节时,抓住受众心理尤为重要,交通广播有相当丰富的社会资源和人脉资源,可以借助知名人物、公众人物等进行活动动员。

根据马斯洛的需求理论,社会个体在实现了基本需求之后会有自我实现的需要,满足这一需要所采取的途径因人而异,总的来说是实现自己的潜力,使自己成为自己所期望的形象。① 人们通过参与并动员身边的人参与交通广播公益活动,在某种程度上可以满足自我价值实现的需求。

2."强弱"关系互动塑造社会认同

在交通广播的公益活动实践中,"强弱"关系有两层意义:一层是移动互联背景下社会人际关系的"强弱"不同;另一层是社会力量的"强弱"对比。

前文提到过,在举办公益活动时,交通广播不仅仅是参与者,也充当了社会动员的角色。现实中的人际关系普遍是一种强关系连接,而相较之下,互联网形成的社会关系是一种弱关系连接,强弱关系只有在共同作用时才能够塑造良好的社会认同。因此两者缺一不可,在虚拟和现实互动的过程中,二者相互作用,相互强化,更为全面地塑造公益活动的社会认同。在移动互联时代,交通广播在策划公益活动时应更加注重社交需求,提升"强、弱连接"关系的影响力,通过现实和虚拟环境中不同用户层的勾连扩大传播范围,为社会动员提供更多可能性。

"公益事业本身就是一项对道德性要求很高的事业。它的道德性主要表现在公益事业中强者与弱者之间的联系,也就是说,帮助弱者是强者应尽的道德义务,他们之间存在这一相互合作的道德义务。"②在交通广播的很多公益活动中,这样的"强弱"互动都非常明显,如送考活动、送温暖活动等。社会力量的"强弱"体现出交通广播公益活动的本质,既实现了社会强势力量的自我价值实现,又帮助解决了社会弱势群体的发展困难,塑造公益活动社会认同的同时,帮助解决了社会矛盾。

3. 移动场景中的社会"共情"

移动互联时代,"场景"成为移动传播的本质和核心,总的来说,场景是基于空间、心理和行为的环境总和。泰勒提出的"社会心理场"理论阐明了所谓"社会心理场"即是人们在一定社会情境下普遍的心理需求。在社会公益活动中,正向的"社会心理场"非常普遍且贯穿其中,"帮助弱小""乐善好

---

① HUITT W.Maslow's hierarchy of needs[J].Educational psychology interactive. Valdosta,2007.
② 彭柏林.论当代中国公益伦理构建的必要性及其视角[J].重庆理工大学学报(社会科学),2008, 22(4):5-8.

施"等都能够引发人们的情感共鸣。在广播媒体进行公益活动认同塑造的过程中,个人心理场与社会心理场相互作用,产生"共情",能够使部分本无直接相关性的个人在"公益场景"的作用下,引发心理场的变化。

对于交通广播来说,不仅通过声音传播而且利用多种渠道进行公益活动信息传播时,受众会根据接受信息时的空间、心理状态、社会氛围等社会场景进行相应的行为反馈,从而实现个人心理场与社会心理场的共振,参与公益活动的互动,最终实现受众对公益活动的认同,提高接受度。

(三)移动互联时代交通广播公益活动的联动整合

交通广播公益活动的动员不仅仅是通过各种途径和方法进行的情感动员,更是线上和线下的结合,虚拟和现实的融合,公益活动本身具有极强的现实性和实践性。移动互联背景下,交通广播公益活动的联动整合主要体现在三个方面:形成典型的圈层化联动、需要多方面策划配合、和网络传播紧密挂钩。

1. 线上线下有机结合,虚拟对接现实

对于未来社会中网络会带来怎样的改变和发展,有学者提出这样的观点:"网络社会未来的发展方向将是现实社会的网络化和网络社会的现实化,网络社会和现实社会的界线将被突破,最终将实现两种社会模式所带来的生活方式的'自由转换'。"[①]线上的虚拟社会往往会产生对现实社会具有深刻影响和巨大推动的议题,在传播过程中逐步摆脱虚拟化,这类公益活动属于"网络衍生型"公益活动。知名的公益活动,如"宝贝回家""免费午餐"等都是借力网络发酵。

网络衍生型公益活动很多都需要落地现实,实现与现实社会的联结。就交通广播公益活动而言,网络虚拟与现实对接体现在以下几个方面:①传播公益理念,公益主体能够在现实中得到帮助。②通过现实媒体的议题设置和认同塑造,为公益活动带来更多参与力量和认同,同时能够为公益活动增加仪式感,塑造参与公益的社会认同感。③线下的公益活动和线上的直

---

① 张雷.网络社会的本质及其发展历史与趋势论析[J].天津行政学院学报,2008(7):44-47.

播联动。这里所说的"直播"有两层意思,其一为传统的交通广播利用平台播放相关活动进展的信息,其二为网络上的分享和参与。④广播作为社会舆论工具,承担着社会责任,对网络虚拟社会来说,具有非常强的现实性,所以交通广播利用网络媒体策划实施相关公益活动本身便体现了虚拟与现实的对接。⑤实现网络社会和现实社会的对接,交通广播通过两个不同类型的渠道,将网络群体和现实群体联结起来,虚拟的公益群体参与现实行动,现实生活中的公益群体通过网络和虚拟的公益群体进行更加密切的连接。

2. 多方力量配合促成线下转化

交通广播公益活动如何从听众耳边走到听众身边,相关的社会公益活动动员能否有效实现转化,很大程度上取决于媒体公信力的高低。红十字会郭美美等事件严重挫伤了公众参与社会公益的热情,不仅如此,也形成了对社会公益活动的刻板印象。在公众看来,活动相关信息的透明度和公开度直接影响到公益活动的可靠系数,没有透明度的公益活动就没有公信力。移动互联时代恰好为交通广播公开相关信息提供了多重渠道,微博、微信等成为信息的分发端,有心参与公益的公众能够了解具体的实施情况。

另外,公益活动的可操作性在很大程度上决定了是否会有公众加入进来,以及有多少公众能够加入进来。交通广播要达到良好广泛的动员效果,需要从以下两个方面入手:①专业化的运作。国内目前有很多专业媒体人参与公益的例子,专业的媒体人能够提供专业的媒体运作,而公益组织擅长公益活动的专业化运作,因此需要加强与专业公益机构的合作。②参与方式多样。公众群体参与公益活动的程度有所不同,在公益活动线下落地时,可以根据不同群体设计差异化的线下参与形式,为公众提供更多的参与社会公益的可能性。

由以上分析可以得出,移动互联时代的交通广播公益活动,呈现出线上动员、线下联动的特征。在活动参与动员过程中,不同的着眼点能够带来不同类型的活动样态,从主题设置到扩展认同再到联动整合,在这一过程中,交通广播公益活动的意义被接受和传播,活动的参与力量得到扩展和巩固,从而实现交通广播在进行公益活动前的动员目的,完成公益理念的传播,为后续活动带来促进作用。

五、移动互联时代交通广播公益活动困境及优化策略

(一)移动互联时代交通广播公益活动困境

从收听环境、播出方式来看,对于交通广播传播的内容,听众是一种"浅层收听"和"浅层理解",这种浅层感官体验给交通广播举办线下活动带来了先天性困难,而移动互联背景的变化还使交通广播面临其他困境。

1. 跨界思维欠缺削弱资源整合协调能力

移动互联本质上是社会各个层面的资源进行融合,连接万物。勇于跨界、善于融合、乐于分享,才能够最大程度优化社会资源,实现社会群体智慧。技术环境促使社会环境发生变化,进而影响人们的活动行为模式,这些冲击和颠覆为跨界提供了生存环境和发展空间。对于交通广播来说,首先要跨过思维界限,让跨界成为一种自发的行为方式;其次要转换身份,从传统媒体向社会化资源优势平台转化。交通广播公益活动也需要由传统媒体主导的公益活动,转变为依托交通广播优势资源的协调整合。

现阶段交通广播的跨界意识还处于萌芽和探索时期,对于完成成熟的跨界整合还需要实践:第一,公益活动的开展仍然大多以交通广播本体为主导,其他参与力量处于辅助配合地位。交通广播不是公益组织,对于公益活动策划执行的专业性和跟进能力提出的要求,不能完全满足。第二,交通广播公益活动的参与主体有待进一步丰富。目前大多数交通广播公益活动的合作方较为固定,比如交通管理部门等,参与力量没有整合到最优配置,资源的协调能力有待进一步提升。第三,交通广播公益活动的品牌运营能力较弱。公益活动是交通广播提高自身影响力和建立品牌效应的一个重要途径,但是目前在内部管理层面,较少有专门的组织设置,人力、精力相对缺乏,公益品牌面临维护和发展乏力的问题,对交通广播的可持续发展和公众对交通广播的公益信任度都会产生影响。

2. 用户思维欠缺导致公益项目参与有限

互联网用户思维强调关注"人",要求以用户的需求作为出发点,通过各

种方式整合资源满足用户的个人化、差异化和多样化需求,焦点不再是活动本身,而是参与活动的用户。交通广播公益活动明显区别于其他活动的地方在于,不仅满足参与者物质层面的欲求,而且更多地关注精神、自我实现层面的价值,公益参与主体通过参与公益活动思想提高、精神充实、身心愉悦,才是交通广播公益活动用户思维的真谛。

目前交通广播公益活动在用户思维的应用方面仍有欠缺,主要体现在以下几个方面:第一,活动项目完成度低。有些公益活动项目由于固守传统的活动思维,动员发起后发响较差,活动无法按计划进行。第二,交通广播公益活动形式较为单一。大多数公益活动依托主要节目和主要资源,如帮扶类栏目进行线下公益活动时,仍然采用栏目常用的方式进行活动策划,形式单一枯燥,没有将不同用户的不同特征考虑进来。第三,交通广播公益活动领域单一。目前交通广播公益活动大多集中在应急、扶贫、助学等领域,对社会其他领域的关注较少。另外,交通广播除了在中广联合会交通宣传委员会组织的爱心送考等活动外,缺少在全国范围内具有影响力和号召力的公益品牌活动。由此可见,交通广播公益活动目前仍多数以传统思维为指导,影响了公益活动的公众参与度,对形成全国性的公益活动品牌带来较大阻力。

3. 互动体验单一影响活动满意程度

在社会化活动中逐渐满足用户不同的需求层次,同时用户产生不同的互动体验。满足感能够使用户对产品认可,进入到更深层次的活动参与。用户不只是单纯的体验者,甚至还会成为传播者、推动者和创造者,参与感、责任感、荣誉感和成就感也会得到不同程度的实现。注重不同层次的产品体验才能够提升公益活动的参与度和传播力。

目前交通广播公益活动的体验较为单一,只关注到用户的浅层公益需求,对于实现更高层次的用户体验还有很大空缺。第一,交通广播公益活动的用户参与程度较低,用户沉浸感不强,不论是线上还是线下的活动,参与程度都相对较低,缺乏在活动中的互动体验,进而很难延伸到人际传播领域。活动模式仍然是传统的"我来说你来听"。第二,交通广播公益活动中,参与公众很少参与到活动的策划、动员、传播、推动环节中，主人翁意识没有得到激发，很难获得责任感，参与黏性较低。第三，缺少对公益活动整体附加值的设计和重视。对于社会个体来说，参与社会公益活动是满足个人精神需求的重要选择，但是目前交通广播公益活动中很少有对参与个体进行相关反馈的做法，缺乏激励机制。

针对当前交通广播公益活动的一系列不足，交通广播应当在公益主体多元化、公益形式多样化、公益活动持久化、加强关系连接等方面进行加强，进而进一步创新交通广播公益活动的形式，形成交通广播公益活动品牌。

(二)移动互联时代交通广播公益活动优化策略

移动互联背景下，传统媒体进入媒介融合的新阶段，如何正确认识现阶段交通广播公益活动的发展现状和问题，能否灵活应用互联网思维和新技术手段对交通广播公益活动进行进一步优化，是交通广播发展自身和承担社会责任的重要突破。移动互联时代的交通广播公益活动总体正呈现着从传统形式向"互联互通"形式的转变，从单一形式向多重发散的转变，可以说，交通广播公益活动的发展前景可观，但是需要做出的努力仍然不少。

1. 协调公益活动多元主体

交通广播公益活动以往的活跃主体是与其相关度较为紧密的相关职能部门。但是在移动互联时代，交通广播应当逐步从活动参与主体向活动平台主体转变，树立跨界、整合和多元主体的意识，更广泛地参与社会公益项目和领域，协调更多的活动主体，打破较为单一和固定的活动参与主体形态，将公益组织、政府相关部门、社会公众等多种活动主体汇集在交通广播平台上，形成更强势的活动影响力。

当然，活动主体多元，跨界、开放合作并不是说交通广播在公益活动中要弱化自身角色和作用，而是要更加集中。在多元主体参与的过程中着重塑造交通广播的公益活动品牌，吸引更多的公益参与力量，而移动互联能够提供更广阔的活动空间。

2. 形成交通广播公益活动常态化机制

由于收听环境和播出方式的影响，交通广播在向受众传播内容时往往只能形成一种"浅层传播"。如何使这种"浅收听"穿透虚拟的广播传播空间，切切实实地连接广播和听众之间的关系，成为移动互联时代广播媒体必须解决的一个难题。通过大量常态化的社会公益活动，加强线上线下互动，将城市上空的虚拟电台电波与落地现实生活的电台活动结合，使交通广播的形象更为立体。此外，交通广播要树立自身公益品牌，打造频率形象，使公益活动具有更广的影响力，必须使公益活动具有持续性和延展性，在发展中逐步形成独特品牌。公益活动只有在形成常态化后才能够深入人心。

对于交通广播来说，必须建立公益活动常态化机制，才能够使其有利的影响最大化。当前全国交通广播的爱心送考活动较有影响力就是因为形成了常态化机制。自2001年湖南交通广播首创以来，经过近二十年的不断摸索，每年高考时联动社会资源服务高考考生群体，成为各地交通广播较为知名的品牌公益活动。在中广联合会交通宣传委员会的努力下，联合全国交通广播多家播出机构，在2010年6月5日共同参与形成"全国交通广播爱心送考联盟"，在融合互联网媒体方面，在爱心送考公益活动组织爱心人士"一对一"接送高考考生的基础上，各地交通广播还通过新浪和腾讯微博等互联网媒体平台向有车一族发出倡导，"为高考考生让出一条绿色通道"。除此之外，爱心送考还与"首汽约车"和百度地图等互联网成熟产品合作，推出"爱心送考云服务平台"，为考生提供免费乘车、路况疏导、文明让行、降噪、应急等多元化、人性化服务。而公益活动的参与门槛也非常低，考生打开手机百度地图，搜索关键词"爱心送考"，就可以享受到爱心送考活动的服务。高考期间，考生及考生家长也可以借助百度地图，一键拨打交通广播的热线电话，进行咨询或求助。

3. 以"用户中心"理念进行活动设计

移动互联时代的核心产品理念是"用户思维"，公益活动作为公益产品，同样要以"用户思维"进行设计。传统的交通广播公益活动更多的是以活动目的为导向进行活动设计，"用户"只是参与的一个方面，但是在移动互联时代，"人本"思维成为最重要的规则，只有将受众放在活动最先考虑的因素中，才能设计出参与度高、影响广的公益活动。

在这方面，互联网"微公益"活动为交通广播提供了借鉴样本。公益众筹、捐步数、微拍卖等新型公益活动模式都是将参与的便利程度和趣味度作为设计的重点，活动呈现出多样化趋势。只有将公益活动的重心放在用户身上，才能获得良好的公益效果。

还是以全国交通广播爱心送考公益活动为例，在进行了多年的活动探索之后，除了对活动本身不断完善和扩展外，交通广播同样运用用户思维，拓宽活动链条，不仅关注高考考生的考试情况，而且在爱心送考的基础上分析考生群体的需求，开展"一帮一助爱心助学活动"，从赴考路上的短时帮助到大学四年求学过程的长期帮扶。"爱心送考"真正延展出"送考—助学"的公益链条，交通广播公益品牌的内涵再度提升，使得近二十年的爱心公益活动焕发出新的生机，同时使交通广播的用户思维得到了深化。

综上所述，移动互联时代中，新兴媒体与传统媒体融合发展成为不可逆转的历史趋势，传统广播在发展过程中融合"互联网+"的可取之处，在自身发展道路中寻得突破。利用互联网平台、现代信息通信技术，在进行节目内容和互动的"互联网化"的同时，在广播经营方面也不断探索新路径。随着社会发展和传统广播媒体社会属性的变化，在实践中发现，交通广播的公益活动成为广播经营中一个新的"增长点"。移动互联为传统媒体的未来发展带来了思维、技术等多方面的新思路，而交通广播自身也应该做出积极应对和改变。

传统广播的动员作用在移动互联环境下，通过新媒体传播和原有传播公信力的有效结合，能够对社会公益活动进行组织宣传，"线上线下"双线齐头并进，促成公众公益共识，为使社会中的更多人力和物力资源进入公益领域做出贡献。在某种程度上，交通广播的公益活动不仅是广播媒体和公益活动的简单相加，而且通过带有媒体特性的参与可以使得参与主体参与公益的同时，改变社会公益环境甚至公益政策和发展走向。

在信息大爆炸的现代社会，公众的注意力成为稀缺资源，移动互联背景下如何利用线上途径吸引公众注意力成为交通广播公益活动至关重要的一环。交通广播通过凝练传统公益活动的主题，进行公益活动议题设置，凸显议题提高信息传递的精准度，形成公众的情感共鸣，满足公众社交的仪式感需要。根据实际优秀的交通广播公益活动案例,笔者总结出当前交通广播的公益活动类型:"轻公益"类型、"盛典"公益活动类型和突发公共服务公益活动类型。移动互联时代中"微公益""互联网公益"取得了引人注目的公益成绩,交通广播作为传统媒体,通过与"互联网"融合,参与社会公益活动,不断创新活动样态,有效调整了社会公益领域发展,平衡了公益活动各参与主体间的关系。

移动互联时代,广播媒体的媒介融合成为一个重要命题,怎样借助互联网思维和先进的技术手段助力广播公益活动,是广播媒体在经营方面的一项重要探索。尽管当前还存在跨界思维欠缺削弱资源整合协调能力、用户思维欠缺导致公益项目参与有限、互动体验单一影响活动满意程度等问题,但是交通广播依然在社会公益领域不断深耕和发展。

第七章　中国交通广播品牌研究

一、"畅行中国"行业品牌的运作概况

(一)"畅行中国"行业品牌的起源和特点

1."畅行中国"行业品牌的起源

"畅行中国"是中广联合会交通宣传委员会发起创立、全国交通广播播出机构共同参与、以主题采访活动为主要形式的媒介品牌。该品牌诞生于2010年,经过八年的发展,共衍生出"畅行中国"之边疆行、"畅行中国"之文明交通在行动百城百台大联播活动、"畅行中国"之全国交通广播春节大联播系列活动、"畅行中国"之全国交通广播记者走进各地大型采访活动等子系列。"畅行中国"行业品牌旨在展现全国各地社会、经济、文化、人文、生态风貌特色,为地方经济发展搭建起全国性传播展示平台,从而勾勒出一个富强、民主、文明、和谐、美丽的社会主义强国。

截止到2018年1月,"畅行中国"行业品牌共举办过62次活动,涉及类型众多,笔者做了定量统计,如表7-1所示。

表 7-1 "畅行中国"行业品牌类型统计

类型	次数	明　细
节庆类	6	2012 龙腾虎跃贺新春； 2013 蛇年送福贺新春； 2014 万马奔腾贺新春； 2015 三阳（羊）开泰迎新春； 2016 灵猴献瑞/金猴献礼迎新春； 2017 鸡年送福贺新春。
边疆行	4	2010 畅行中国边疆吉林省军区； 2011 畅行中国边疆华北段； 2013 畅行中国边疆云南段； 2015 畅行中国边疆新疆段。
公益类	11	2010 爱心送考大联盟； 2010 文明交通在行动百城百台大联播； 2011 精彩湖北——全国交通广播记者、自行车爱好者环湖北绿色骑行； 2012 大连老虎滩的哥的姐的欢乐节； 2012 文明交通在行动百城百台大联播； 2013 文明交通在行动百城百台大联播； 2015 全国百城百台爱心送考； 2016 全国百城百台爱心送考暨一帮一精准扶贫助学活动； 走进大别山——2017 全国交通广播脱贫攻坚新闻纪实在行动； 2017 全国百城百台爱心送考； 2017 农旅扶贫——全国交通广播记者体验贵州美丽乡村。
红色类	2	2015 正义之路——全国交通广播纪念中国人民抗日战争暨世界反法西斯战争胜利 70 周年大型新闻行动； 2017 纪念中国人民解放军建军 90 周年暨秋收起义 90 周年、井冈山革命根据地创建 90 周年全国交通广播记者江西行主题采访活动。
经济类	8	2011 全国交通广播自驾游产业峰会暨首届自驾车友节； 2013 全国百城百台广播电视记者走进景德镇大型采风活动； 2014 全国百城百台大联播之"站在开放的最前沿——来自全国首批 14 个沿海开放城市的声音"； 2014 全国交通广播电视记者北疆口岸行； 2015 全国百城百台交通广播走进上海国际车展； 2015 汉欧·精彩丝路； 2016 探秘名坊园——全国交通广播电视记者走进景德镇； 中国制造 2025——2017 全国交通广播走进"浙江制造"大型新闻行动。

续表

类型	次数	明　细
旅游类	27	2010 井冈山自驾游赏花会； 2010 中国交通广播走进鄂西； 2010 全国交通广播走进内蒙古； 2011 全国交通广播大庆湿地采访活动； 2011 全国交通广播丝绸之路冰雪行； 2012 全国交通广播走进台州海岸线； 2012 全国交通广播走进武夷山采风活动； 2013 探访美丽江苏大型采风活动； 2013 全国交通广播走进浙江大型新闻活动； 2013 全国百城百台中国最佳休闲城市烟台行； 2014 走进安徽暨全国交通广播自驾联盟高峰论坛； 2014 全国交通广播电视记者江西行； 2014 全国百城百台广播电视记者走进邯郸暨成立中原区域交通广播协作网； 2015 全国百城百台广播电视记者走进宁夏大型采风报道活动； 2015 亮丽内蒙古——全国交通广播电视记者主题采访活动； 2015 全国交通广播记者走进大湖名城·创新高地； 2016 全国交通广播走进聊城水上古城； 2016 全国交通广播记者走进内蒙古； 2016 全国百城百台交通广播记者走进海澄文； 2016 全国交通广播记者走进中国茶乡； 2016 全国交通广播记者江西行； 2016 穿越中国——全国交通广播大型新闻纪实采访在行动； 2017 全国百城百台交通广播记者走进崇明世界级生态岛； 2017 感受鄂尔多斯——全国交通广播走进 21℃夏天； 2017 醉美保定——全国交通广播走进河北； 2017 广西名片——全国交通广播记者走进广西； 2018 全国百城百台交通广播记者走进大美龙江。
竞赛类	3	魅力新疆 2015 全国交通广播环塔拉力赛； 魅力新疆 2016 全国交通广播环塔拉力赛； 魅力新疆 2017 全国交通广播报道联盟走进环塔。
大事件	1	2010 一路畅通看世博大型联合报道
总计	62	

2. "畅行中国"行业品牌的特点

(1)传播手段上实现了从广播到全媒体报道的转变

"畅行中国"行业品牌诞生于2010年,至今已经走过八个年头。在这八年间,随着技术的进步,媒介生态环境和传播手段发生了巨大的变化,媒介融合成为不可逆转的发展趋势。在这种背景下,为了促进行业品牌更好地传播,主办方和承办方从传播途径和传播介质入手,实现了从交通广播这一传统媒体平台,到微博、微信公众号、直播等全媒体平台的转变。例如2017年6月,在"畅行中国·中国制造2025"大型新闻行动中,来自《人民日报》客户端及全国交通广播播出机构的80位记者对相关领导、专家以及知名企业家进行全景式媒体访谈,通过全媒体手段立体式宣传报道"浙江制造",多维度呈现了其"品字标"建设的成果及成功经验。

(2)地域上实现了从一省到多省的跨区域联动

在"畅行中国"行业品牌诞生的最初几年里,活动在地域上局限于某省(市),多以宣传该省(市)的经济、政治、文化、社会、旅游、生态等方面所取得的成就为主,很少有跨区域联动报道的情况。但是"畅行中国·走进大别山——全国交通广播脱贫攻坚新闻纪实在行动",2017年4月在中广联合会交通宣传委员会的大力支持下,由湖北广播电视台交通广播发起,联合安徽、河南两省联动举办,全国45家交通广播参加,128家交通广播助力报道宣传。从过去的单频宣传到1+2,再到1+45、1+128模式,单兵作战变成了一次全国交通广播整体联动的跨域合作,形成了宣传的倍增效应。这次活动实现了中国交通广播宣传报道史上的创新和突破,也是第一次跨省联合举办的畅行中国活动。五天活动时间里,采访团辗转湖北、安徽、河南三个省份,行程千余公里,先后采访了湖北英山、湖北罗田、安徽金寨、河南新县四县的13个采访点。其间举行了跨地域大型广播直播《春到大别山》,同时集全国128家交通广播之力,每天中午12点同步报道大别山脱贫攻坚的最新进展,充分体现了在中广联合会交通宣传委员会的组织下,全国交通广播跨区域覆盖、跨区域传播的独特优势。

(3)公益性特征明显

除了传递信息的功能外,媒体想要长久发展,还应自觉承担起服务社会的功能。交宣委作为行业组织,具有高度的社会责任感,积极参与公益事业。在"畅行中国"行业品牌下倡导策划一系列的公益活动,为贫困、伤残、弱势群体送去关爱和扶持,从表 7-1 中可以看出,在"畅行中国"行业品牌八种类别所举办活动的次数中,公益类仅次于旅游类,排名第二。历年来,由中广联合会指导、全国百家交通广播机构开展的百城百台爱心送考活动就具有服务社会的典型公益性特征。据统计,在 2017 年高考期间,仅通过全国交通广播系统的新媒体平台获取高考信息的人次近亿。全国百家交通广播机构与各地公安交警部门合作,采用全媒体的传播方式,全方位提供考场路况等高考信息,使高考路况服务更加精准,考生能够提前规划出行线路。这一活动充分体现了新闻媒体可贵的服务意识。

(二)"畅行中国"行业品牌的运作方式

"畅行中国"作为全国性的跨地域经营、跨媒介联动的广播行业品牌,在品牌诞生之初就对如何打造出优秀的广播行业品牌有清晰的认识。"畅行中国"的品牌运作方式主要体现在定位、整合营销传播、协作三个方面。

1."畅行中国"行业品牌定位

艾·里斯和杰·特劳特的品牌定位理论是媒介品牌定位的理论根基。媒介品牌定位理论是指根据媒介在市场竞争中所处的环境,确定其显性或潜在受众,努力使受众对媒介产品的内容品质有更多的认知并乐于接受,以培养受众对它的忠诚度。①

随着媒介市场竞争的加剧,走品牌化道路成为越来越多媒体的必然选择,媒体想要增强自己的品牌竞争力必须要有正确的品牌定位。由于媒介产品属于信息产品,不同于一般的商品,具有特殊性,因此媒介品牌定位不能简单地以市场定位理论的"消费者导向"为第一原则。作为广播行业品牌

---

① 赵泓.媒介品牌传播学[M].北京:中国社会科学出版社,2012.

的"畅行中国"在进行品牌定位时对这一点有清醒的认知,自觉担负起满足受众信息需求和引导舆论的职责。

科特勒指出,营销人员对品牌定位有三种层次:通过产品特征来进行品牌定位,属于最低层次;品牌定位于产品的利益诉求,属于中等层次;最高的品牌定位层次是通过强有力的信仰和价值观进行的定位,强调一种情感冲击。[①]"畅行中国"正是着眼于这种强有力的价值观进行定位(如图7-1所示),即其品牌定位是服务大局,在中国特色社会主义新时代的历史方位下,宣传社会主义核心价值观,引导全国交通广播成为"责任媒体、爱心媒体、绿色媒体、随行媒体"。"行进中国·精彩故事"是2013年以来,全国新闻战线按照中宣部的要求,为深入"走转改"活动而开展的系列大型主题采访实践活动。"畅行中国"主题采访活动是在全面贯彻落实中宣部等部门统一部署的基础上,整合全国交通广播播出机构的优势资源,是"行进中国·精彩故事"活动的延展和深化。这是一次"贴近实际、贴近生活、贴近群众"的媒体行动实践之旅,也是中国交通媒体主动适应新形势、提高舆论引导力的创新举措。

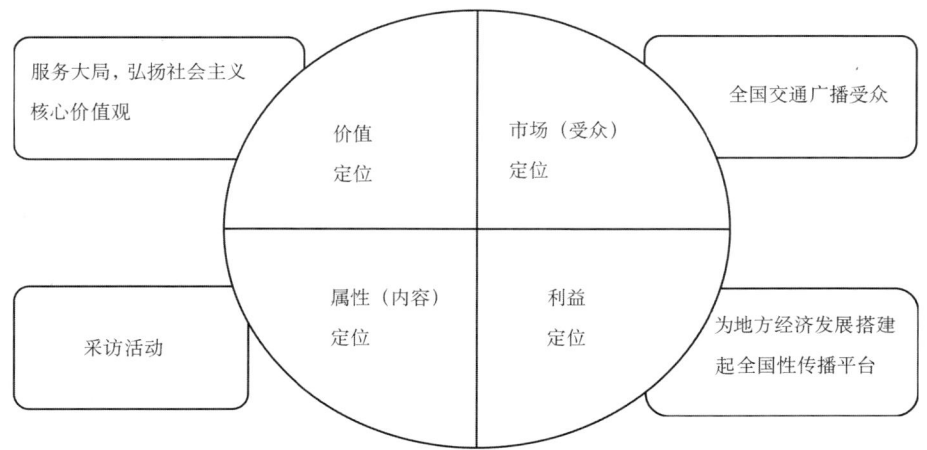

图7-1 "畅行中国"行业品牌定位图

---

① 科特勒,等.市场营销原理[M].郭国庆,等译.北京:清华大学出版社,2007:222.

媒介品牌定位具有多重维度,作为特例的广播行业品牌亦是如此,主要包括功能定位、市场定位、属性定位、价值定位、利益定位等。

2. 整合营销传播是其品牌运作的核心

整合营销传播理论诞生于20世纪80年代末,由美国西北大学麦迪尔新闻学院的克拉克·卡尔伍德、唐·舒尔茨和保罗·王率先提出。"整合营销传播是一个营销传播计划概念,它要求充分认识用来制定综合计划时所使用的各种带来附加价值的传播手段(如普通广告、直接反应广告、销售促进和公共关系)并将之结合,提供具有良好清晰度、连贯性的信息,使传播影响最大化。"①

简单地讲,整合营销传播的核心有三个方面:第一是综合协调运用各种传播手段和传播方式,向品牌利益相关者传递信息;第二是这些传播手段和传播方式要形成系统优势,优劣互补,相互衬托;第三是所传递的信息在本质上必须是一致的,能够体现和传播品牌最核心的魅力和含义。对于广播媒介而言,整合营销传播是从受众需求出发,围绕一个新闻事件,整合运用常规媒体传播手段以及非常规媒体传播手段,以实现最优的信息传播效果。

自"畅行中国"行业品牌诞生以来,整合营销传播一直是其品牌运作的核心(如图7-2所示),通过品牌策略引导整个品牌体系的架构,通过区域策略整合信息资源,通过渠道策略形成聚合注意力的宣传攻势,最终提高品牌影响力和美誉度。

(1)突破区域限制,统筹采编力量

交通广播是区域性媒体,播出范围只能覆盖某一特定区域,要想不被淹没在各种媒体的海洋里,各地交通广播必须突破区域限制,整合信息资源,实现整合营销传播。交宣委正是深知这一点,充分发挥行业协会的黏合作用,组织各台联合采制新闻报道,通过全国媒体的大联播实现信息资源的整合和共享。

在2017年4月的"畅行中国·走进大别山——全国交通广播脱贫攻坚

---

① CAYWOOD C L,SCHULTZ D E,WANG P.IMC:a survey of consumer goods advertisers[M]. Northwest University Report,1991.

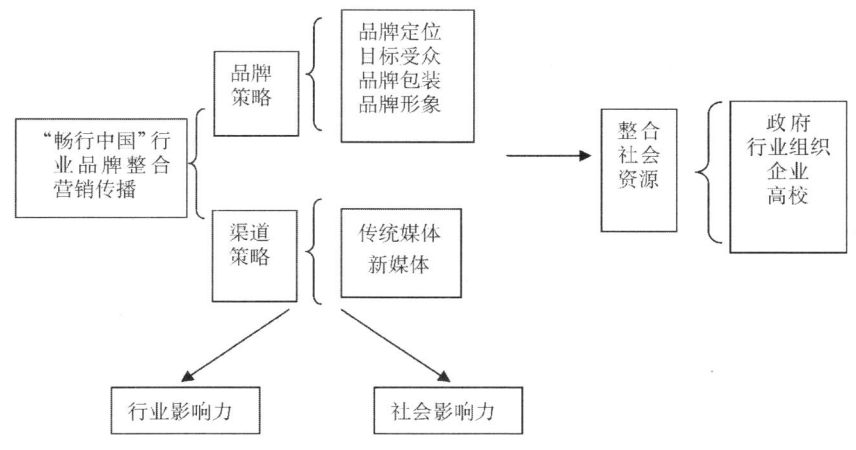

图 7-2 "畅行中国"行业品牌整合营销传播模式图

新闻纪实在行动"活动中,为突破区域限制,确保跨区域合作的传播效率,湖北、河南、安徽三省交通广播联合组建宣传中心——"中央厨房",集中策划,统一调度,有序分发。活动伊始,就确定了六个"统一":统一调度、统一标识、统一预热、统一连线、统一报道、统一直播。统一指挥调度,超前策划选题,有序分配产品,统筹安排发稿。交宣委旗下 128 家交通广播在各自的平台上统一使用"畅行中国·走进大别山"标识,同时在印刷品、活动场所等宣传媒介以及微博、微信等新媒体平台统一使用。活动期间,"中央厨房"邀请全国各地交通广播记者以自己独有的视角进行现场连线,呈现最新动态,打破了原有各台记者连线各自频率的传统格局。活动期间的每天中午 12 点,交宣委旗下 128 家交通广播共同播发特别报道。

特别值得一提的是,大型现场直播《春到大别山》是全国交通广播精诚合作、跨域传播的写照。2016 年 4 月 24 日,习近平总书记视察安徽省金寨县大湾村,一年后的这一天,《春到大别山》现场直播沿着习近平总书记的足迹,来到大湾村见证这里的变化和发展,让所有人看到党中央对于脱贫攻坚的坚定决心。在交宣委的积极协调组织下,全国有湖北、河南、安徽、青岛等十余家交通广播同步转播安徽交通广播卫星信号,共 128 家交通广播播发直播消息。这次直播从策划、采编、协调组织到具体实施,凝聚了全国交通广播的记者、编辑、主持人的努力和心血,充分彰显了广播媒体跨域合作、联合传播的效力,在全国范围内奏响了脱贫攻坚的"交响曲"。

(2)突破渠道限制,整合传播资源

从传播学的角度来看,品牌传播的实质是品牌拥有者运用手中的传播资源和手段,向品牌利益相关者传播有关品牌的信息。品牌传播是一个复杂的系统,包括品牌拥有者、大众媒介、品牌利益相关者和噪声,如图 7-3 所示。

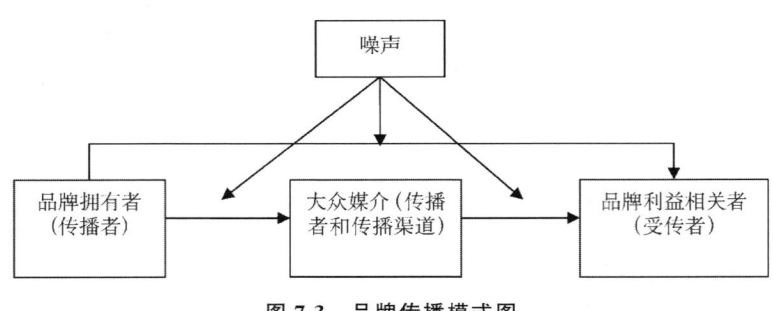

图 7-3　品牌传播模式图

具体到"畅行中国"行业品牌而言,交宣委是这一品牌的拥有者,属于传播者;大众媒介包括传统媒体和新媒体,承担着传播者和传播渠道的双重身份;品牌利益相关者既包括大众媒介的普通受众,也包括政府、其他行业组织等,属于受传者;噪声是指除去信息本身在传播过程中的损耗外,其他分解受传者注意力的信息干扰。

从图 7-3 中可以看到,信息从"品牌拥有者"发出到"品牌利益相关者"接收,按照是否流经大众媒介可以分为直接和间接两条途径。直接途径是指"畅行中国"行业品牌的信息通过交宣委自己的网站、微博、微信公众号等渠道传播。间接途径是指将"畅行中国"行业品牌的信息通过全国交通广播播出机构及其新媒体渠道这一大众媒介进行传播。不同于普通品牌需要单独再找媒介进行宣传,对于"畅行中国"行业品牌而言,全国交通广播播出机构扮演了双重角色,它不仅是品牌活动的参与者,而且由于其自身所具有的传播属性,是品牌最重要的传播者。二者良好有效的互动关系正是"畅行中国"行业品牌独一无二的优势所在,全国交通广播为"畅行中国"行业品牌的宣传搭建起了一个广阔而强有力的传播渠道;"畅行中国"行业品牌历年来的成功举办产生了强大的跨域性集聚效能,交通广播也因此提高了收听有效到达率,使自身更具影响力和传播力。

"畅行中国"行业品牌善于突破渠道限制,整合传播资源,形成全媒体格局,包括全国交通广播的播出资源、其他媒体的播出资源、各种新媒体的资源等。在"畅行中国——2017全国百城百台爱心送考"活动中,全国百家交通广播机构与各地公安交警部门合作,首次融合了"两微一端"的报道方式,采取音、视频多元化的呈现方式,为考生立体展现考场附近的路况信息。湖南交通广播使用无人机对考点进行航拍,将航拍图片制成360度全景VR在其微信、微博上进行实时展示,使高考路况服务更加精准。珠海交通广播调用两架直升机,路况主播登机在空中直播考场周边交通情况,考生可通过手机App了解各地段实时视频路况信息。

在2017年4月的"畅行中国·走进大别山——全国交通广播脱贫攻坚新闻纪实在行动"活动中,主办方、承办方调动多种传播手段,网、端、微打通,使本次采访活动在媒介融合语境下呈现出"新、快、短、直播化"的特点,新媒体阅读量超过3,900万人次,节目收听量突破3亿人次。

①新应用刷新视觉呈现

这次的新闻报道充分运用H5、微博、微信、视频直播、短视频以及海报信息图等方式,采用3D、动漫、高清航拍以及全景拍摄等新报道技术,六种方式轮番发力,吸引网络注意力。例如,在活动开始的前三天,推出了互动感极强的H5邀请函——《最美大别山喊你进群啦》,该产品把微信用户拉入虚拟的朋友群,浏览该H5邀请函的用户可以通过虚拟对话参与发言,同时该产品加入点赞和评论的功能,每一位使用者会"身临其境",接收到整个活动的概况和介绍,该产品在微信朋友圈被广泛转发。此外,"高清航拍+全景VR"的呈现形式是本次传播的亮点之一。每到一处采访点,航拍小分队会升起无人机,找准角度进行拍摄,后方编辑配合将画面制作到全景H5中,访问者可以720度全方位查看老区现状。4月24日,在安徽金寨大湾村的航拍就能让网友直观地看到一年后该地新旧两类房屋村舍的鲜明对比,体现老区崛起的新变化。

②快能力抢占传播先机

现在的新闻传播速度都以秒计算,在保证新闻真实性的前提下,速度成为新闻生产者的制胜法宝。在本次活动的新闻报道中,三省交通广播的新媒体部门狠抓"快",在英山县神峰山庄、罗田县林牧专业合作社、金寨县大湾村等重要采访点,高清航拍、720度VR等产品都是半小时内产生并通过两微一端发送。

③短内容唱响鲜明主题

本次采访活动的新媒体产品,时间长度都控制在一分钟以内。短内容节奏快,内容主线明确,契合了移动端阅读需求,特别适合在社交网络以及短视频平台上进行分发,清晰传递、解读了活动新闻信息。

④视频直播强化在线互动

2017年,传统媒体+视频直播已经成为一种传播趋向,传统媒体正在借助视频直播迎来新媒体时代的"第二春"。这次采访活动中,多家交通广播的记者开启了视频直播,采访点现场的每一位村民都能成为直播访谈对象,通过主播和村民互动,带动关于大别山发展方式的讨论,不仅非常直观真实地呈现了大别山正在发生着的变化,而且营造了一种"在线感"和"参与感"。新媒体的传播形式不仅能第一时间将信息传递到用户端,还能在第一时间收到用户反馈。对这类信息给予及时有效的回应,能提升用户对活动的好感,营造真实的参与感。交通广播通过视频直播在正能量报道中找准了传播突破口,实现时效性、互动性和真实性的统一。据统计,《主播带你去看黑山羊》《大湾村看变化》等五场视频直播在新浪微博、一直播、央视新闻+、长江云等平台累计观看达到249万人次。

3. 行业协会引领下的多方协作是其品牌运作的保障

在传播全域化的趋势下,交通广播何以能够突破单频传播的区域局限?"畅行中国"行业品牌何以拥有如此强大的生命力?其中一个重要原因就是交宣委能够充分发挥行业协会的组织引领作用,不仅为跨域合作提供行动上的具体指导,还在全国交通广播范围内合理配置宣传资源。在行业协会交宣委的引领下,政府、媒体、企业、高校多方协作:行业协会负责组织和指导，政府提供资源支持，媒体负责执行和传播，再加上企业的资金优势和高校的智力优势，突破不同行业之间的限制，在新媒体背景下探索出一条以项目为基础、以共赢为目标，深度整合资源、多频共振的新路，共同打造出了"畅行中国"行业品牌。

2017年4月的"畅行中国·走进大别山——全国交通广播脱贫攻坚新闻纪实在行动"就是由湖北广播电视台交通广播联合安徽交通广播、河南交通广播播出机构发出倡议，行业协会中广联合会和政府部门三省扶贫办联合主办，并组织全国45家交通广播播出机构积极参与的一次大型采访活动。

扶贫不仅是经济扶贫，更重要的是文化扶贫，帮助困难群众精神脱贫。中广联合会深知这一点，积极发挥自身在文化方面的资源优势，对湖北英山、安徽金寨、河南新县三地进行"文化扶贫"。中广联合会分别与湖北英山县、安徽金寨县、河南新县签订文化扶贫协议，在文化实践、产业升级、人才培养、教育培训等领域开展合作，促进双方资源互补，实现共同发展。

为了帮助大别山形成脱贫攻坚的长线方针，交宣委发挥自身在"交通"和"自驾游"资源方面的优势，结合湖北英山、安徽金寨、河南新县三地的旅游资源，授予其"中国自驾游首选目的地"牌匾，帮助它们打造"大别山新文化与生态旅游"精品线路，建设旅游休闲基地。此外，交宣委还授予湖北英山县四顾墩村、安徽金寨县大湾村、河南新县茅屋冲农场三地为全国交通广播爱心扶贫实践基地。

在这次活动期间，湖北广播电视台交通广播联合湖北省健康管理学会，从省内同济、协和等知名医院抽调各科医生，携带专业医疗器械设备和药品，为英山县孔家坊乡四顾墩村200余位村民进行健康义诊和咨询；河南交通广播在新县举行"寻找美丽乡村教师"活动，为农村教育送去力所能及的帮助；安徽交通广播908爱心车队及爱心企业为金寨县中小学校的留守儿童和贫困学生捐赠价值4万多元的衣服，"一对一"结对帮扶学生11人。

湖北广播电视台、河南广播电视台、安徽广播电视台积极承担媒体的社会责任，利用自身的宣传资源和媒介渠道为大别山做旅游推广，分别与三省扶贫办签订"千万扶贫公益宣传基金"协议。每年投放价值一千万元的扶贫公益宣传资源，专项用于贫困地区的经济及旅游宣传推广，基金设立期为三年,共计九千万元。这是广播电视播出机构积极利用自身传播优势体现人文关怀的典范,利用播出机构的传播优势传承英雄精神、助力老区发展。

"畅行中国·中国制造2025"也是一次突破行业限制、整合社会资源的成功范例。本次活动是由浙江广电集团广播交通之声发起,联合中广联合会、省质量技术监督局等单位策划推出的全国交通广播大型新闻行动。在这次活动中,政府——中共浙江省委宣传部、浙江省质量技术监督局,媒体——来自多家央媒和全国30个省市自治区的交通广播频率共80多位记者,行业组织——中广联合会交通宣传委员会和浙江省品牌建设促进会,企业——海康威视、西奥电梯、方太集团等六家"浙江制造"优秀企业通力合作,共同聚焦"中国制造2025"纲要下的浙江行动,为品字标"浙江制造"的品牌形象传播搭建了良好的平台。在采访过程中,省质监局、省品牌建设促进会的相关专家全程参与报道,沿途为记者们进行解读点评,让记者们在讲好品字标"浙江制造"故事的同时,能够深度挖掘和理性思考品字标"浙江制造"的实践意义,提升宣传效果。

二、"畅行中国"行业品牌存在的局限

和媒介品牌一样,行业品牌的构建也包括两个系统:标识系统和情感系统。标识系统是一个品牌个性的集中张扬,而情感系统则是在受众和品牌之间建立起一座桥梁,使受众在情感上认同品牌。[①] 行业品牌要完成这两个系统的构建,其中一个重要抓手就是举办受众可知可感的大型活动,借助活动传播品牌形象。"畅行中国"可以说是一个较为成功的行业品牌,但在其发展过程中仍然存在一些局限,这些局限主要分为两个层面:"畅行中国"作为大型采访活动在活动模式上的局限;"畅行中国"作为行业品牌在品牌运作中的局限。

(一)活动模式上的局限

对于广播品牌而言,大型活动是在白热化的市场竞争中增加品牌知名

---

① 宋雯.论广播品牌的构建与经营[J].新闻大学,2000(2).

度的一个重要突破口。然而"畅行中国"作为一个以大型采访活动的形式存在的行业品牌,在活动模式上存在诸多局限:运营理念和管理方式有待更新,策划能力和创新意识有待加强,推广力度和受众接收率有待提升,执行力度和活动落地性有待增强。

1. 运营理念和管理方式有待更新

从"畅行中国"举办的历次活动来看,其主办单位多为交宣委和各地政府职能部门,承办方多为各地交通广播。这种强强联合的优势在于可以资源互补,充分调动政府、行业协会、媒体的多方优势,但缺点是管理方式较为保守,行政色彩浓厚,活动运营理念固化,不能很好地与市场接轨。

各地交通广播作为活动的实际策划者和运营者,仍受我国现行广播电视体制的限制,这是导致这种局面的主要原因。虽说媒体从中华人民共和国成立之初经过广播电视体制的一系列改革,已经从单纯的事业单位向"事业单位,企业管理"运作模式转变,进而走向集团化、股份制、公司制运营,但是仍有许多行政壁垒无法突破:①各地交通广播多采用传统的以行政为主的管理制度,上下层级分明,审核程序复杂,权力冗余,效率低下;②办活动多以安排任务的方式进行,无明确的奖惩机制,很难调动实际参与者的主观能动性对活动形式进行创新性挖掘;③政事不分、管办不分,造成交通广播市场主体不明确,使其无法对市场形势进行充分分析,进而按照市场规律办事;④虽说在广播电视媒体内部已经实现了大型活动和传统节目的分离,但这种分离仍属于初级阶段。例如,大连广播电视台的创意策划部负责全台性的大型活动策划,同时还负责电台网站的维护以及对外宣传工作,没能做到部门的"专职专干"①。

反观目前市场上较为成功的媒体,它们都有自己成熟的大型活动运营模式。比如星空传媒,在它旗下有独立的大型活动负责部门——"灿星制作",该部门注重商业合作,简化管理结构,善于运用新颖的市场化理念策划活动流程,调配人员和资金,整个部门以核心创意人为中心,团结协作,完成从"好点子"到"好活动"的实现。

---

① 修长明.大连广播电视台新闻广播线下活动发展策略研究[D].大连:大连理工大学,2015.

2. 策划能力和创新意识有待加强

通过60余次活动的举办,"畅行中国"的活动设计已经基本成形,组织者和操作者之间的有效分工也已经形成,品牌在受众群体和业界都已具备一定的知名度。但是最让人苦恼的是活动模式的模仿和复制,同一定位的活动屡见不鲜,可替代性强,同质化现象严重;而且在较为保守的运营理念和管理方式的双重作用下,各地交通广播作为"畅行中国"大型活动的实际操作者,沉浸在思维的舒适区内,缺少创新意识和市场化思维,活动策划能力有待加强。

从上文统计得知,"畅行中国"行业品牌自2010年诞生共举办了62次活动,数量众多,虽类型多样,内容也不尽相同,但形式几乎没有创新,七年来这些活动大都是已经成熟的模式的不断重复。例如,当旅游类的采访活动在某地取得成功后,接下来的活动中,许多地方就会迅速采取这种模式,盲目跟风,甚至根本不结合当地实际,直接将别人策划好的形式和流程据为己用。总的来说,创新意识的缺乏主要体现在以下两方面:①多年来活动一直围绕旅游类、经济类、公益类等类型,除去这几个常态化类型,很难有新的突破;②活动流程陷入程序化、板块化的窠臼。

创新意识的缺乏会导致活动策划苍白无力、没有亮点。活动策划是一个系统工程,应包括前期策划、中期实施、后期评价反馈。万事开头难,一次好的前期策划意味着井然有序的开始,这是一场活动能否取得成功的关键一步。一个优秀的活动策划应该包括三个方面:①鲜明的主题。活动主题是一场活动策划能否成功的关键,一个好的主题应该符合社会主流价值观,而且应该与受众息息相关,能够引起受众的同频共振。②独到的创意。活动组织者要敢于标新立异,独辟蹊径,这能够为一个策划方案起到画龙点睛的作用。③缜密的安排。活动组织者既要宏观统筹,协调好各种关系,又要微观把握,顾及活动的每一个细节。

短时间来看,同质化仅仅表现为日复一日的活动复制,看似对品牌的美誉度并无大碍,但从长远来看,这种缺少智慧闪光点的流水线作业会大大降低品牌的塑造能力。品牌是一种无形资产,其价值的提升和形象的维护也是见诸日常活动中的,只有将每一次活动做到完美,才能保持甚至提高品牌的塑造能力和美誉度。

3. 推广力度和受众接受率有待提升

有创意的活动主题和策划有利于活动的推广,提高受众接受率,然而"畅行中国"大型采访活动在推广方面做得却不尽如人意,受众接受率比较低。究其原因,主要有两个方面:其一,"畅行中国"多是与政府部门和媒体机构合作,侧重于宣传某一地区的社会经济发展成果、旅游生态建设成果等,偏向于"官方话语体系";其二,张骏德在其《当代广播电视新闻学》中提出了信息传播的"近距离亲切率"概念,即如果信息的内容是受众身边发生的、受众熟悉的或与受众利益相关的,那么受众会倾向于优先选择这些信息。① 大多数"畅行中国"活动在某一特定区域进行,具有明显的地域特征,对于全国其他区域的受众而言,"近距离亲切率"低,从而在很大程度上降低了辐射受众基数。

相对于其他商业品牌而言,媒介品牌具有易建立、难维持的特性。大型活动作为塑造媒介品牌的一个重要手段,在活动推广上要兼顾媒介品牌的这些特性,将宏观方面的稳定性、中观方面的持续性、微观方面的阶段性三者有机结合起来,达到塑造和提升品牌价值的目的。其中,宏观方面,每个媒介品牌都有其固定的品牌特质,这一特质决定塑造品牌的活动在推广时要保持风格上的稳定性;中观方面,在激烈的媒介竞争中品牌的建立不是一蹴而就的,需要持之以恒的品牌积累,因此塑造品牌的活动在推广时保持时间上的持续性就十分有必要;微观方面,品牌的建立和维持有其内在的生命周期,因此应结合不同时期品牌建构的特点,进行分阶段有侧重的活动推广。

4. 执行力度和活动落地性有待增强

举办一次大型活动就像进行一次战役,需要主办方——行业协会的战略指导,承办方——交通广播的战略执行,需要多个"兵种"协同作战及各方

---

① 修长明.大连广播电视台新闻广播线下活动发展策略研究[D].大连:大连理工大学,2015.

人、财、物的到位。这种复杂性、多变性和系统性增加了活动实施阶段的难度,致使其落地后并不像想象中的那么完美。这主要有以下三个方面的原因:①策划方案本身弹性空间小。几乎每次活动都会涉及政府领导、企业高管等,不可避免地会遇到人员变更、迟到等突发因素,但是有些承办单位的策划方案一板一眼,并没有预留一定的弹性空间来应对这些变数,这就使活动的落地性和效果大打折扣。②重视程度不够。各地交通广播对于行业协会传达的主旨精神和工作要求重视程度不够,对于其交代的任务不上心,一拖再拖,甚至超过截止日期,这种态度是对高效执行力的极大消解。③缺乏独立的活动运营部门。在交通广播内部,普遍缺乏独立的活动运营部门,而且采编、经营、后勤等部门条块分割,各自为政,在大型活动面前,很难拿出强大的执行力和合作力。

总体来讲,举办每次活动都是在一个系统内进行。贝塔朗菲说:"系统可以定义为相互作用着的若干要素的复合体。"①在"畅行中国"这个系统内,交宣委、各地交通广播、政府、企业、受众都是系统内的要素,它们的相互作用共同构成了"畅行中国"大型采访活动。因此,这些要素之间只有以某种关系达到平衡,才能确保"畅行中国"活动的落地性达到预期效果。

(二)品牌运作中的局限

举办大型活动只是品牌运作的外在形式,其核心在于如何运作品牌以提升它的美誉度和受众对它的认可度。经过八年的摸索发展,"畅行中国"行业品牌在品牌运作方面积累了一些经验,但仍不甚完美:品牌链黏性较弱,品牌评估缺失,受众反馈缺失以及品牌保护缺失。

1. 品牌链黏性较弱

举办大型活动的终极目标是为了提高品牌的知名度和美誉度,而不是为了举办活动而举办活动。因此,活动之间应具有关联性,而不应只为赢得一时的关注而举办一些散乱、无规划的活动,每次活动都应该在提高品牌链黏性这一目标的指引下进行。

---

① 贝塔朗菲.一般系统论[M].北京:清华大学出版社,1987:51.

但现实中,62次"畅行中国"采访活动,数量多、类型多,几乎涉及全国各个地市,每个承办方在资金实力、资源调动能力、领导人能力、人员协调能力等方面差异性较大。因此,并不是每场活动都能尽善尽美,有的承办方只考虑眼前这一场活动,在时间维度上不做长线规划,在空间维度上不做系列准备,致使活动间的关联度不够强,品牌链黏性较弱。例如,近年来"畅行中国"行业品牌在内蒙古举办的活动共有四次:2010全国交通广播走进内蒙古,2015亮丽内蒙古——全国交通广播电视记者主题采访活动,2016自然大冰雪·风情内蒙古——全国交通广播记者走进内蒙古,2017感受鄂尔多斯——全国交通广播走进21℃夏天。可以看出,这些活动之间没有逻辑联系,而且主题重叠度比较高,不仅造成人力财力的浪费,而且对于精品活动品牌的打造没有太大意义。

相反,"畅行中国边疆"是着眼于品牌形象的树立,做长远规划的一个很好范例。"畅行中国边疆"开始于2010年6月,共开展五年,参与记者达二百人次,采访足迹遍布七个省、自治区的边防、海防部队。这一系列的边疆联合采访实践活动在"畅行中国"行业品牌的多次活动中可以说是非常成功的,使"畅行中国"行业品牌在业界一炮打响。而且这种远见和规划性还体现在活动的与时俱进、常变常新。"畅行中国边疆"大型联合采访活动时间跨度长,纵向对比可以看出,每年的活动均带有当时、当地的鲜明特色,也在一定程度上见证了军事广播宣传的变化轨迹。[①]

由此可见,只有站在品牌战略思维的高度,放远目光,做长久规划,举办与品牌定位关联度紧密的大型活动,才能取得事半功倍的效果。久而久之,活动才能形成系列效应,活动链才能转化为品牌链,品牌认知和品牌联想才能在受众心中生根发芽,品牌才能在生长期越来越强大。

2. 品牌评估缺失

品牌评估是指对品牌资产进行评估,所谓品牌资产"就是一种超越生产、商品和一切有形资产以外的价值"[②],主要包括品牌在利益相关者心中建

---

① 李金鑫,李砚春.大型军事活动的多媒体报道探索[J].中国广播,2015(10).
② 余鑫炎.品牌战略与决策[M].大连:东北财经大学出版社,2000.

构的形象,品牌利益相关者对品牌的认知、联想、忠诚度等。

品牌发展需要经历图7-4所示的几个阶段,从中可以看出品牌评估是品牌创建和维护流程中的重要组成部分。但是在"畅行中国"行业品牌发展的过程中,品牌评估这一环节是缺失的。诞生八年来,几乎从未对自身在受众市场的满意度、影响力等展开调查,这对于其品牌策略的改进和调整是十分不利的。

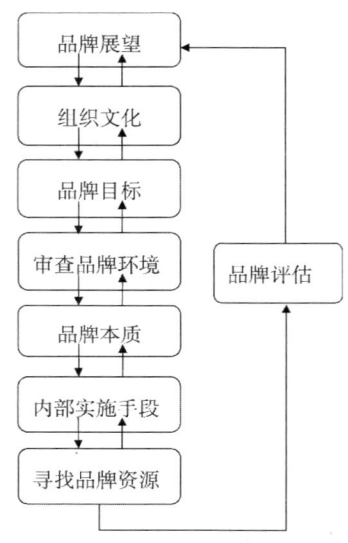

图7-4 创建和维护品牌的流程①

品牌评估的作用主要体现在以下三个方面:①品牌评估是对品牌目前市场价值的一种评估,能使媒介拥有者对自身品牌的知名度、美誉度等一系列指标有准确的审视,从而更有利于介入市场竞争;②品牌评估是对品牌未来市场收益的一种预期,对品牌资产做出准确评估,将有利于媒介拥有者对下一步的品牌投资做出正确的决策,提高资金使用率和资源利用率;③就媒介组织内部而言,品牌资产的评估可以向内部员工传达一种企业蓬勃发展的信号,有利于激励员工上进,增进内部团结。

---

① 彻纳东尼.品牌制胜——从品牌展望到品牌评估[M].蔡晓煦,等译.北京:中信出版社,2002.

3. 受众反馈缺失

从市场经济的角度来讲,媒介的客户是受众,媒介办节目和办活动的目的都是为了吸引受众的注意力资源,媒介服务的成效在于受众的反馈。

受众对"畅行中国"行业品牌的反馈主要集中在两个方面:其一,活动噱头大于实质。活动的排场很大,调动的资源在广度和深度上都十分引人注目,但实质上都是从主办方和承办方的角度去考虑活动举办的必要性,而没有从受众对活动样式和内容的需求出发。其二,鲜有受众参与到活动现场。"畅行中国"是走进各地的实地采访活动,受众只能在交通广播的节目中"听"某地的变化,而不是让一定的受众参与到活动中,以受众的视角来反映城市变化,远离普通受众的日常生活,缺乏吸引力。

受众与媒介品牌之间的最高境界是忠诚,要想建立这种忠诚,必须正确热情地处理受众反馈:①密切关注受众需求和受众心理的变化,在尊重欣赏习惯的基础上去更新媒介品牌。②吸收正确的反馈意见,组织专业人员及时对获取的反馈资料进行分析,着手完善媒介品牌的形象。③正视批判性的反馈意见,对受众提出的关于品牌不合理的地方要及时修补,在中肯的批评中实现品牌的升级。只有这样,受众才能感到自己不仅仅是被动的"接受者",而且还能与媒介形成情感互动。媒介在此不仅实现了自己的使用价值,而且内在的情感价值也被凸显,这样受众对媒介的忠诚度才能提高。

4. 品牌保护缺失

在品牌发展过程中,要有强烈的品牌保护意识,要保护好自己的媒介品牌。保护媒介品牌一个很重要的方式是注册商标。商标是指能够将一经营者的商品或服务与其他经营者的商品或服务区别开来,并可为视觉所感知的标记。[1] 一个成熟的法治社会会有健全的法律制度对商标进行最有力的保护,目前我国主要有《商标法》《专利法》《反不正当竞争法》等。

新闻媒体对自己的品牌栏(节)目进行商标注册后,就可以拥有完整的商标权(商标使用权、商标排他权、商标许可权和转让权),从而在支配与经

---

[1] 刘春田.知识产权法[M].北京:中国人民大学出版社,2000.

营品牌时始终处于主动位置,为品牌经营提供广阔的空间。① 但是在实际操作中,媒体往往忽视品牌这一无形资产的价值而很少对其进行商标注册。"畅行中国"行业品牌虽然已经诞生八年,但是还没有注册商标。甘肃《读者》杂志是一个典型的教训。它原名"读者文摘",在国内享有广泛的受众市场,但后来美国的《读者文摘》在我国注册商标,而本土的甘肃《读者文摘》却因为缺乏品牌保护意识而未注册。我国实行的是注册取得商标权而非使用取得商标权,最终甘肃的《读者文摘》只能被迫改名为"读者"。

注册商标还能围绕商标形成品牌产业效应。例如著名商标"迪士尼"就是从动画做到儿童乐园,再拓展到儿童用品,形成了立体化的产业布局。在这一点上,"畅行中国"行业品牌还有很大的开发空间。

三、广播行业品牌价值的塑造与提升策略

(一)打造品牌核心竞争力

1. 树立品牌经营理念

"没有什么比市场的引入给中国大众传播业带来的变化和冲击更巨大而深刻的了。"②这是喻国明对市场给中国传媒生态带来变化的深刻感受。市场的引入使媒介竞争空前加剧,在这场浪潮中媒介想要有自己的一席之地,就必须积极参与市场竞争。

思想是行动的先行者,广播行业品牌要想积极参与市场竞争,第一步是转变思想,树立品牌经营理念,顺应市场规律来经营品牌。经营理念包含两部分:第一是要具备市场意识,"畅行中国"行业品牌要主动适应市场秩序,在尊重市场规律的基础上去整合政府、行业协会、媒体、受众等资源,用效率意识、成本意识去进行品牌经营。第二是要具备信息服务意识,在市场环境下,受众不再是被动的信息接受者,而是顾客和用户。"畅行中国"广播行业

---

① 朱国栋.媒介品牌的商标保护[J].中华商标,2011(8).
② 喻国明.媒介的市场定位——一个传播学者的实证研究[M].北京:北京广播学院出版社,2000.

品牌重在提供信息服务,应根据受众的不同需求和受众市场的变化,及时调整自己的品牌策略,提供高质量的信息服务。

2. 设立品牌管理机构

可口可乐、雀巢、奥美这些举世闻名的大品牌自诞生以来就凭借着鲜明的品牌个性成为各自领域的佼佼者,一个重要原因就是其背后有一批眼光独到、敢于创新的品牌管理者,他们在品牌建设和管理过程中,以塑造高辨识度的品牌个性为己任,使其产品在激烈的市场竞争中胜出。

一个完善的品牌管理机构包括品牌领袖和品牌经理。品牌领袖像是船长,决定品牌建设的战略方向;品牌经理像是水手,影响品牌运营的水准。所谓"品牌领袖"是指在品牌创立、发展过程中决定品牌命运,为企业品牌注入精神、灵魂、理念和个性等内涵的人。[1] 品牌领袖带给一个企业更多的是精神层面的熏陶而不是物质的概念,他是企业文化的灵魂,是企业员工的精神支柱,是企业组织力量的缩影。相对于企业品牌而言,广播行业品牌本身就带有更强的文化属性,因此在其品牌的塑造过程中,品牌领袖这种精神导向的作用就更为重要。广播行业品牌领袖要用自身的文化积淀和人文个性为品牌代言,用自身的人格魅力为品牌在公众领域的个性塑造发声。

1931 年美国宝洁公司首创"品牌经理制",自此 80 多年来,这种企业组织模式在跨国公司中备受推广,为大型公司的品牌经营立下了汗马功劳。一方面,品牌经理必须悟透品牌领袖层所制定的总体发展战略,明确战略目标,把这些化为具体可操作的行为去实施;另一方面,品牌经理必须分析市场,与其他部门进行合作,策划与品牌有关的活动以扩大市场占有率。就广播行业品牌的品牌经理而言,他应该洞察媒介市场和受众喜好的变化,上传下达,结合品牌领袖的精神导向制定切合实际的品牌发展策略。

3. 塑造独特的视听形象

国外传播学家的调查统计结果显示,在受众的信息接受率中,视觉占 83%,听觉占 11%;就接收传播时的集中度而言,视觉占 81.7%,听觉占

---

[1] 余明阳,杨芳平.品牌学教程[M].上海:复旦大学出版社,2005.

54.6%；就记忆保持率来说，视觉占20%，听觉占10%，两者结合占65%。①由此可见，相对于听觉而言，受众通过视觉接收到的信息要多得多，这也启示广播行业品牌在塑造自身的品牌形象时，要注重扬长避短，视听结合，打造"有视觉形象的广播行业品牌"。

谈及打造"有视觉形象的广播行业品牌"，涉及两个关键的元素"视觉"和"形象"。在这里，品牌形象理论和企业识别系统（CIS）理论都有一定的指导意义。品牌形象理论是宏观战略层面的，企业识别系统理论是微观战术层面的。

品牌形象理论最早由大卫·奥格威提出，他指出，"品牌是一种错综复杂的象征，它是品牌属性、名称、包装、价格、历史、声誉、广告方式的无形总和。品牌同时也会因消费者对其使用的印象以及他们各自的经验而有所界定"②。在大卫·奥格威看来，品牌形象有三种功能：创造差别、建立个性和反映自我。创造差别是通过塑造差异化的品牌形象将自己的品牌与其他品牌区分开来；建立个性是为了打造独一无二的品牌形象和品牌风格；反映自我是对受众而言的，受众通过选择某一媒介品牌可以映射其自我意象和媒介品味。

企业识别系统包含三个要素：一是品牌形象理念识别（MI），二是品牌形象行为识别（BI），三是品牌形象听、视觉识别（VI）。在广播行业品牌的塑造中也需要构建自己的企业识别系统，使自身的传媒理念、传媒行为和听、视觉标识整齐而划一。

在品牌形象理念识别方面，理念是品牌价值观和发展的原动力，具有很强的渗透力。例如，凤凰卫视在创办之初就提出了"开拓新视野、传播新感受、记录新生活、创造新文化"的传播理念，并将其作为自己一以贯之的准则。"畅行中国"行业品牌也应提出自身的核心理念。在品牌形象行为识别方面，媒体行为一般表现为对内行为和对外行为两种。对内，"畅行中国"行业品牌要加强媒体工作人员的行为管理；对外，要常年有规划地开展公益活

---

① 阿诺.品牌保姆手册——13个名牌产品推广，重建范本[M].台北：时报文化出版企业有限公司，1995.

② 何佳讯.品牌形象策划透视品牌经营[M].北京：北京大学出版社，2000.

动,真诚运作,理性发声。在品牌形象听觉识别方面,"畅行中国"行业品牌的组织者应该发挥广播与生俱来的优势,制定符合品牌定位的统一片头、片花并在每一次活动中使用。在品牌形象视觉识别方面,视觉符号是最为直观的显性识别,"畅行中国"行业品牌应该设计形象鲜明、寓意明了的标识,并且将其印在每次活动的会议手册、手提袋或赠予受众的奖品上。

4. 重视社会效益

广播活动具有外在使用价值和内在精神指向价值,其中使用价值会随着每次广播活动的结束和时间的流逝而逐渐消解,最终沉淀下来的是其内在的精神指向价值。塑造这种精神指向价值的核心在于重视社会效益。

首先,这是由媒体的二重属性决定的,市场经济下的媒体不仅具有产业属性,而且具有社会属性,这是其承担社会责任的内在要求;其次,公益性活动容易唤起受众的向善心理,吸引受众参与,从而强化双方的情感认同和情感共鸣,使媒体和受众的情感纽带更为稳固;再次,公益性活动社会认可度高,容易取得政府的支持和企业的赞助,可以有效调度社会各方的资源;最后,举办公益性活动能够提高广播媒体的收听率和美誉度,是打造媒体品牌形象的关键途径。

重视社会效益,宏观方面,要落实社会主义核心价值观的宣传理念,策划紧扣时代主题、回应社会关切的广播活动;微观方面,要坚守新闻宣传的主阵地——百姓、基层、社会现实,在"畅行中国"采访活动中,真正深入基层,反映民生疾苦,为弱势群体和困难群众排忧解难。

(二)构筑广播行业品牌推广体系

品牌推广是指媒介组织主动出击,采用多种渠道和形式,在关系利益人之间策划并实施的品牌传播行为。现代社会是一个"传播过渡"[1]的社会,人们多采用"浅尝资讯式购买决策"[2],"酒香不怕巷子深"已经是过时的推广理念。广播行业品牌要想扩大品牌知名度、提升品牌影响力,就必须注重品牌

---

[1] 里斯,特劳特.定位[M].王恩冕,于少蔚,译.北京:中国财政经济出版社,2002.
[2] 舒尔茨,等.整合行销传播[M].吴怡国,等译.北京:中国物价出版社,2002.

推广,构筑交错纵横和多元立体的品牌推广体系。

1. 整合营销传播

现代营销观念十分强调整合。对大众媒体而言,营销不是单纯的信息传播,也不是单向的自我传播,而是在二者结合的基础上有很强的目的性和功利性的行为。它是为了扩大市场影响力和市场占有率,而与市场各方面进行的一种主动沟通和宣传,要用市场整合营销的观念来解释和指导媒介品牌推广。

广播行业品牌整合营销传播要坚持两个基本原则:一是一致性原则。这是指组织目标、策略、战术的高度统一。它强调一种通过建立与受众全方位的接触点、传播一致性的信息,以强化媒体品牌力的营销推广方式。二是以受众为中心原则。整合营销认为,信息的传递应该是双向的,广播行业品牌要想收到好的成效,就要建立渠道获得受众和利益相关者的需求并满足他们。

广播行业品牌在采取整合营销传播进行品牌推广时要注意以下四个方面:①广告策略:强化受众对品牌的认知管理。这里指的不是媒体广告经营的策略,而是媒体在宣传和推广自身形象时,应该采用的广告表现方式和传播方式。②促销策略:提高销售的力度和效果。相比一般产品,媒介品牌在推广时可以采取的方法和手段比较有限,一般来讲可以在广播节目和活动中采取有奖互动等方式与受众进行交流。③公共关系:广播行业品牌要通过有意识的公关行为,养成受众对品牌的好感,从而作用于品牌传播。(4)事件营销策略:实现与受众的深入沟通。其优势在于媒体可以借助热点事件策划相关报道,吸引受众参与,提高品牌热度。

2. 大事件推广

借鉴事件营销的概念,我们将大事件推广定义为媒介通过策划、组织和利用具有新闻价值、社会影响以及名人效应的人物或事件,吸引社会团体和公众的兴趣和关注,以求提高媒介品牌的知名度、美誉度,树立良好的品牌形象。①

大事件推广的核心在于把握推广机遇,即重大事件发生时迅速反应,在这方面做得比较好的是凤凰卫视和腾讯网。凤凰卫视利用港澳回归、美国"9·11"事件、伊拉克战争等在国际上有重大影响的大事件,在业界打造了"大事看凤凰"这一品牌形象。2008年,腾讯网利用奥运会这一举世闻名的大事件,整合自己横向、纵向两个平台的资源:在 QQ 平台上调动全民参与奥运,用户可以参与虚拟的奥运火炬旅程,可以从 35 个奥运比赛项目的徽章选择自己支持的项目;在门户网站用户可以第一时间获得最新的奥运资讯。以此,腾讯网成为当时网络媒体奥运报道的最大赢家。通过奥运会这次大事件,腾讯网的用户实现了几何级的增长,"腾讯"这一网络媒体品牌一炮走红。

除了抓住稍纵即逝、不可多得的大事件机遇外,还可以主动策划有利于品牌形象推广的大事件。例如,将《福布斯》推向事业高潮的马尔克姆·福布斯就是利用大事件推广的高手。1973 年,马尔克姆给大家来了一次耳目一新的行为艺术。他乘热气球横跨美国,这个热气球不仅颜色醒目,而且写有"福布斯——资本家的利器"几个大字,这一下激起了普通民众对于财经新闻的兴趣,使"福布斯"三个字深深地印在了人们的脑海中。

凤凰卫视总裁刘长乐对于大事件推广有这样的感悟:"我认为,在重大事件发生时,媒体首先还是要强调社会效应,以打媒体品牌为主,而经济效益上的回报是次要的。"②可见,对于媒介品牌而言,大事件推广可能是"赔本生意",但其最重要的价值在于"赔本赚吆喝",取得社会效益上的盈利。要想通过大事件来推广广播行业品牌,主办部门就要坚持以大众利益为导向,对周围环境做冷静缜密的分析,承办部门要有独到的推广方式和完善的应急机制,这样才能达到提高品牌知名度、增加品牌美誉度的效果。

3."互联网+广播"融合传播

在媒介融合的大背景下,融媒体的媒介生态给广播行业品牌带来以下

---

① 赵泓.媒介品牌传播学[M].北京:中国社会科学出版社,2012:112.
② 伊拉克战事与凤凰卫视——访凤凰卫视总裁刘长乐[EB/OL].(2003-04-21)[2018-06-30]. http://www.sina.com.

三个方面的影响:①传播对象精确化,从大众传播走向窄化传播。在融媒体时代,广播行业品牌的传播不再以受众数量作为决定性优势,而是从追求规模转变为追求质量,通过窄化传播打造一个具有高度忠诚度的部落式族群圈子。②传播内容抽象化,从传播信息走向传播信任。融媒体环境下,大规模覆盖式传播已难以让受众获得足够喜爱偏好的信息并满足自身需求,品牌推广从简单直接传递信息转向通过价值内容来建立信任,即从传播信息走向传播信任,从而实现由"品牌知名度"到"品牌共鸣度"的过渡。③传播技术多元化,从单一媒体走向跨媒跨屏联动。融媒体背景下,技术的进步使得内容的分发渠道和呈现形式日益多元,跨媒跨屏传播成为可能。这不仅拓展了媒体各自的覆盖边界,形成了更大的空间覆盖面,也延长了传播时间,有利于提高传播的效率。

面对媒介生态环境的急剧变化,广播行业品牌要想在这种大环境下行之有效地推广,必须走"互联网+广播"的融合传播道路。①集中制作,多渠道分发,全网覆盖,打造现象级传播事件。每次的"畅行中国"活动可以组织几家传播能力较强的交通广播组成新媒体"中央厨房",在这里汇集所有的新闻信息并以新媒体的形式进行再生产和包装,统一分发到其他交通广播的微信、微博以及腾讯视频、今日头条等平台,面向全国用户造势传播。②从语言形式和表达手段等方面进行突破,从用户视角切入,接地气地宣传主旋律。③借助视频直播实现从单向传播到多向传播的转变,增加内容生产者和内容消费者的即时互动。④发挥主观能动性策划新媒体传播。新媒体传播并不是自然主义的有闻必录,而是需要提前策划,既包括每次活动时明确新媒体小组在微博微信、图文制作、视频剪辑等方面的分工,也包括对"畅行中国"行业品牌推广的整体策划。

(三)多元化延伸品牌价值

媒介品牌延伸是指将著名媒介品牌或已经具有较大知名度的媒介品牌使用到其他媒介产品甚至非媒介产品上。[1] 目前,国内媒介品牌的延伸领域

---

[1] 赵泓.媒介品牌传播学[M].北京:中国社会科学出版社,2012.

显得较为单薄,还没有一家真正横跨报纸、图书、广播、电视、互联网等的媒体。"畅行中国"行业品牌在品牌延伸领域也是一片空白,行业品牌能否在这个领域取得一些突破值得深思。

行业品牌延伸必须遵循以下两个原则:①延伸产品必须符合品牌内在核心价值。所谓"核心价值"就是维系消费者依赖该产品的缘由,这种依赖不仅表现为持续的经济购买行为,而且更深层次地体现在消费者在精神上对产品及品牌价值观的认同。这种认同是消费者选择该品牌的根本原因,也是一个品牌的灵魂,通常是不易改变的。若要强行改变,就会引起消费者的不满,甚至是消费者数量的折损。②不能违背属性关联性原则。这种属性关联性原则,要求延伸产品不能脱离原产品的定位,不能超出原产品的领域。南方报业在这方面教训深刻,20世纪90年代全国兴起下海潮时,南方报业曾投资与本业毫无关联的药材、水泥等行业,铩羽而归,后来调整策略,集中力量投入报业,一举获得成功。

行业品牌在自身发展的过程中,可考虑多元化延伸策略,结合自身的特点采取不同的延伸模式。

1. 跨行业延伸

跨行业延伸是指以本行业产品为核心,向相关行业拓展,有利于开拓新的市场空间。在众多跨行业延伸的媒介品牌中,最大的赢家当数迪士尼公司。它是全球第二大传媒企业,涉及娱乐节目制作、主题公园、玩具、图书、电子游戏和传媒网络等不同行业,它的品牌价值链模式很有借鉴意义。迪士尼公司之所以能取得如此巨大的成功,关键在于将"迪士尼"这个品牌作为基数,并不断跨行业将其移植复制到相关行业中:第一步是进军动画领域,制作儿童喜爱的卡通片,并刻制成录像带持续发行;第二步是将新增的卡通人物放入主题公园内;第三步是在全球范围内建立迪士尼商店销售品牌产品。深圳交通广播则是在媒介融合环境下,进行跨行业延伸品牌价值的典范。深圳交通广播深知,在新的媒介生态下,赢得用户注意力资源的方式不能仅仅依靠传播信息,更重要的是在内容为王的基础上,凭借自身传统媒体的公信力,通过产品搭建起与用户的交互关系。于是早在2014年,深圳交通广播就抓住"可穿戴设备"这一商机,进军IT智能设备领域,推出"优伴智能手环"和"优伴健康指标秤"。深圳交通广播通过用户账号搭建起连接产品、内容、服务的平台,通过大数据勾勒用户画像和消费偏好,从而更精准地投放信息。跨行业延伸模式的优势可以总结为三点:①整合资源优势,实现优势互补;②实现规模经济效益,成本较低;③相对于单一媒体扩张,避免了将所有鸡蛋放在一个篮子里的风险。

2. 跨产业链延伸

跨产业链延伸是指以产业链为基础,向上、下游的延伸。对企业而言,产业链包括其上游供应商、企业本身和下游经销商。对广播行业品牌而言,产业链可以这样划分:第一是打造品牌的单位,比如中广联合会交通宣传委员会;第二是媒体,即广播本身;第三是广播下游的衍生产业。江苏交通广播网在跨产业链延伸上探索出了一套行之有效的做法:①成立"交广汽车俱乐部",收取一定数额的入会费用,会员享有"紧急拖车"等服务;②组织听友自驾游、集体游等活动,形成交广听友旅游专线;③成立交广汽车用品有限公司和交广汽车美容有限公司,前者生产经营交广网自己创建的一个汽车用品品牌,目前已推出汽车润滑油、机械油等产品。① 北京交通广播《1039交通服务热线》节目组创新节目形式和盈利方式,由其工作人员组成"爱车团队",进行内部创业。"林贺侃侃侃"就是一个相当成功的活动,节目组和4S店合作,主持人林贺帮助购车听众砍价,不到三小时就售出汽车260余辆。不仅使听众花更少的钱买到更好的车,也使4S店汽车销量大幅提升,实现盈利,而最重要的是提高了节目的知名度和听众黏性。

3. 跨地域延伸

在传播的全域化趋势下,广播要想突破单频传播的区域局限,就必须进行跨区域延伸。这种延伸包括三种方式:第一种方式是强强联合,通过不同地域广播媒体的合作实现品牌共享、资源共享、渠道共享,不仅可以扩大受众覆盖率,而且可以节约经营成本,增加广告收入。"畅行中国·走进大别

---

① 郭镇之,栾轶政.2004~2005:中国广播产业发展报告[EB/OL].http://www.china.com.cn.

山——2017全国交通广播脱贫攻坚新闻纪实在行动"就是属于这一方式。第二种方式是将优势广播的成功经验延伸到其他地域,将自己成熟的内容制作模式、人员管理模式、资本运作模式应用到其他地域。但是,值得注意的是,这种延伸必须与当地的经济水平、受众习惯等进行本土化结合,切不可生搬硬套。成立于2015年,由上海广播电视台东方广播中心控股的阿基米德FM是全国首家由传统媒体转型而成的数字移动新媒体,拥有移动互联环境下传统电台转型的宝贵经验。贵州、湖北两省的交通广播与阿基米德FM精诚合作,阿基米德FM拥有播出两省节目的版权,而且派出专业团队进驻黔、鄂两省的交通广播,将节目跨平台运营的先进操作经验输送出去。从而上海交通广播可以提高自身节目的到达率,黔、鄂两省也收获了媒介融合形态下运营节目的新策略,实现了跨地域的双赢局面。第三种方式是通过微信"摇一摇"功能,实现与听众的跨地域互动。2013年河南交通广播大胆创新,改变数字化背景下与听众的互动形式,首个在全国范围内将微信"摇一摇"功能应用到与听众的互动中。新功能的植入打破空间和地域的限制,使听众可以随时随地与主持人互动,从而使节目热度和听众参与度不断提升。

综上所述,面对白热化的媒介竞争和多元化的媒介格局,广播行业协会——中国广播电视社会组织联合会交通宣传委员会,作为涵盖全国二百多家交通广播电视播出机构的行业性社会团体,如何发挥组织协调优势,带领广播行业抓住机遇、实现发展成为一个急需面对的问题。

交宣委对广播双重属性的认识在不断深化,各会员单位产业化实践也在不断推进。在这种背景下,行业协会高屋建瓴,采取打造行业品牌的发展策略,让各地交通广播参与进来,发挥主流媒体的影响力,共同打造"畅行中国"这一行业品牌。

行业协会在打造广播行业品牌"畅行中国"的过程中,结合行业协会自身的优势,走出了自己的独特之路,即将整合营销传播作为其品牌运作的核心,将多方协作作为其品牌运作的保障。

通过对"畅行中国"行业品牌在发展过程中所遇到的问题的剖析及其经验的总结,结合媒介品牌和市场营销学的相关理论,在这里从三个方面提出广播行业品牌价值塑造与提升的建议：

第一，打造品牌核心竞争力。首先，要树立品牌经营理念，培养市场意识和信息服务意识；其次，要设立专门的品牌管理机构，发挥品牌领袖和品牌经理的作用；再次，要扬长避短，视听结合，打造"有视觉形象的广播行业品牌"；最后，要以公益为本，将社会效益放在首位。

第二，构筑广播行业品牌推广体系。在"传播过度"的现代社会里，广播行业品牌要想扩大品牌知名度、提升品牌影响力，就必须注重品牌推广，可采用整合营销传播、大事件营销的观念和"互联网＋广播"的方式来指导品牌推广，构筑交错纵横和多元立体的品牌推广体系。

第三，多元化延伸品牌价值。在符合品牌核心价值、注重原产品和新产品关联性的原则下，行业品牌根据自身在不同时期的发展特点可采取不同的延伸模式，例如跨行业延伸、跨产业链延伸和跨地域延伸。

第三编　智媒时代中国交通广播个案研究

第八章 北京交通广播:新媒体环境下直播互动类广播节目的生存策略

北京交通广播的《一路畅通》节目从 2000 年 1 月 1 日开播以来,一直占据着北京广播市场早晚高峰时段(7:30—9:30 和 17:00—19:00)的主要市场,同时它也是北京交通广播兼具人气和创收能力的标志性节目,融合了互动话题、路况信息、新闻资讯以及音乐等多种内容的"鸡尾酒式"节目样态,主持人轻松幽默的聊天式主持风格迎合了早晚高峰时段人们碎片化、伴随性的收听特点,并满足了人们对于路况资讯的需求。《一路畅通》这样的直播互动类广播节目逐渐成为各地交通广播早晚高峰时段的主打节目。

这些年来,虽然多地的交通广播经过数次改版,但早晚高峰时段的大板块直播互动节目被保留了下来,比如目前河北交通广播 FM99.2 的《992 早高峰》(7:00—9:00)和《992 晚高峰》(17:00—19:00),以及 2017 年开播的中国交通广播 FM99.6 也设置了《速度早高峰》(7:00—9:00)和《下班快乐》(17:00—18:30)。由此可见,直播互动类广播节目依然具有一定的生命力。

然而,进入移动互联时代,在新的媒体形式下,《一路畅通》这样的直播互动类节目受到了来自业内和业外多方面的挑战,直播互动类广播节目需要突出重围,实现自我的更新迭代,保持领先优势,成为业内人士亟待解决的问题。因此本章以北京交通广播的《一路畅通》节目为例,分析直播互动类广播节目面临的挑战和生存策略。

一、新环境下的新竞争

以往,直播互动类广播节目面对更多的是来自行业内的竞争,同类型的节目在同时段争夺听众,但目前却面临着更加多样和复杂的竞争。

(一)路况信息的"刚需"地位受到挑战

移动互联网普及之前,《一路畅通》这类直播互动广播节目能够成功的一个重要因素是听众对于路况信息的"刚需",尤其是在出行集中的早晚高峰,人们对于路况的需求更加明显。节目直播互动的一个主要内容是听众询问到达某个地点的路线应该怎么走。电子地图导航出现后,人们可以获得"点到点"个性化的路线导航和拥堵信息,这是交通广播节目的路况播报无法做到的。在开车的场景中,人们如果有路况需求,首先选择的是打开电子地图,而不是收听交通广播的节目直播,因此《一路畅通》这类直播互动节目的路况信息就不再是"刚需"了。

(二)移动音频产品抢夺听众时间

直播互动类广播节目的另外一个迅速崛起的竞争对手是"移动音频产品":一类是各种付费音频产品,像在 2016 年出现的得到 App 的付费知识类订阅专栏、喜马拉雅 App 的《好好说话》以及后续推出的各种"大师课"等;另外一类是听书类音频产品,也就是书的音频版。这些移动音频产品用 8~10 分钟的短音频形式呈现,也是主打碎片化和伴随性收听,适用的主要场景之一就是开车和通勤路上,这与《一路畅通》的适用场景高度重合。

然而从信息属性来看,直播互动类广播节目主打的是轻松有趣的内容,而移动音频产品则是知识含量更高、更有用的内容。另外,移动音频产品也打破了直播类广播节目的线性收听方式,人们可以自由选择内容和安排收听次序。因此,在开车和通勤的场景之下,很多人会听一些自己感兴趣的、有用的音频课程,以高效地利用时间。

二、直播互动类广播节目的独特优势

面对这样扑朔迷离、充满未知的新的媒体竞争环境,《一路畅通》这类直播互动类广播节目应该何去何从？新闻传播学者喻国明教授早在2014年就提出了互联网时代的"新木桶效应",亦即在互联网时代"不要把自己所有的短板都修齐,而是利用自己的所长,匹配适合自己能力的平台,在新的市场上形成新的木桶模式",也就是在互联网强调"连接"和"开放"的环境下,机构和个人要把自己的长板修得更长,形成竞争优势。对于《一路畅通》这类直播互动类广播节目而言,互动性和应急能力是其独特的优势,也是在竞争中需要加强的长板。

(一)互动的2.0版本

直播互动类广播节目的特点是及时互动反馈,这是移动音频产品无法做到的,因此要升级互动的内容和形式,也就是互动的2.0版本。

首先,2.0版本的互动要更加关照听众个体,与之共情,让听众可以从互动中获得"心理按摩",排解压力和负能量。比如,近期的《一路畅通》节目就尝试引入"吐槽"类型的话题,像"你收过的最糟心的礼物""你的工作有哪些不为人知的一面"等。在主持人和听众形成的"聊天场"中,听众可以作为直播过程中的"第三人"随时参与其中,而主持人也要巧妙地化解听众的吐槽,这样就使互动从表面化的消息往来进入情绪和心理的层面。另外,在直播过程中,主持人要注意捕捉听众的情绪变化,从而进行安抚,比如长时间堵车的烦躁、遭遇不文明开车行为的愤怒等,听众在与节目的互动中得到了心理按摩和放松,这就形成了节目新的"刚需"。

其次,互动2.0版本还要利用互联网的新手段创造新玩法。《一路畅通》节目2014年引入微信公众号作为互动平台,在专业技术人员的支持下,互动平台可以实现文字、图片、语音、答题、竞猜等多种形式的互动,节目组也借此开发出多种互动的新玩法,比如故事接龙,就是事先设计一个带有悬念的故事开头,然后请听众一步步往下续写,每个环节由主持人和编辑在听众发来的众多续写情节中进行选择,确定故事走向,然后由听众接龙下去,最后形成一个完整的故事。故事接龙的互动完全不同于以往的话题互动,听众参与度更高,带有悬疑的故事情节也更加吸引人。

(二)更强的应急能力

直播互动类广播节目的另一个独特优势是应急能力,这种应急能力来自直播中的快速反应,同时也依托于所在广播媒体获取信息来源的权威性。例如,北京交通广播在2017年被授予"北京应急广播"称号,并与北京的交管、气象、消防、城管、应急办等多个部门形成了一套应急联动机制,《一路畅通》这样的大板块直播节目成为发现突发情况和应急处理的重要窗口。

例如,2017年11月30日早间8:29左右,正是《一路畅通》的直播时段,节目编辑通过听众发来的信息得知北二环的积水潭桥区京藏高速出京方向的匝道桥上有一辆面包车发生了自燃,使得匝道桥上断路,从而造成从北二环到西二环一线的大拥堵。节目编辑立刻和交管部门核实情况,并通知主持人在节目中立即插播这一自燃事故,然后节目编辑再通过内部工作群组通知了新闻部和新媒体等部门,新闻部记者立即和消防部门取得了联系,进而更新消防方面的情况。《一路畅通》节目在直播中全程关注了消防部门扑救火势和交管部门疏导交通的情况,一直到9:15左右自燃车辆的火势被扑灭,被堵塞的车辆得以通行。整个过程中,北京交通广播的新媒体端也进行了联动,通过官方微博发布图文更新进展。当天关于这一事故的新闻报道也迅速被腾讯新闻客户端转载。这是传统媒体利用自身权威和迅速的应急能力,反向影响新闻客户端的一个实例。

由此来看,在面临重大事故或特殊天气等突发状况时,直播互动类广播节目需要发挥自身的应急能力,加快反应速度,发布权威信息,由此才能成为广大公众和其他媒体的信息来源,形成自身无法被取代的媒体影响力。

综上所述,在复杂多变的媒体环境中,直播互动类广播节目应该进一步发挥自身在互动性和应急力方面的优势,一方面以结合新媒体形式的互动来迎合听众,另一方面突出更强的应急能力,从而扩大媒体影响力。

第九章　上海交通广播：和人民同频，与时代共振

2016年3月18日,经过近一年的报备、审批,上海交通广播正式被市政府授牌为"上海应急广播"。在突发事件来临时,上海交通广播第一时间传递党和各级政府部门的权威声音;在长假、恶劣天气等期间,提前做好服务和预警。

2017年国庆长假,由于下雨,原定于9月30日晚间的道路管制未能实施。10月3日,好天气带来大客流,傍晚市政府应急办与交通广播沟通,希望及时发布外滩相关的交通管制信息,而此时已是长假录播版面。频率管理层在会商后,立即启动应急预案,召唤直播团队到岗。虽然恰逢晚饭时间,但是大多数人还是放下碗筷赶赴直播室、外滩现场、指挥中心等处,一场两小时的特别直播即刻开工。短短半个多小时的准备时间里,记者、编辑联系到多位现场的公安交警、武警战士、轨交站点管理人员、路网中心值班长等一线人员,加上两位现场记者,共连线十多档直播节目。

习总书记说,记者要坚持正确的新闻志向以提高业务技能,要坚持正确的工作取向以锤炼良好作风。两个小时不算长,但依靠的是记者、编辑们强烈的职业精神、踏实的工作态度、服务市民的责任意识,依靠的是主持人在每天直播中锻炼出来的那份专业过硬、处事不惊的素养,依靠的是平常打造出来的那张坚实的通讯员网络基础。"一个电话,全线到岗",这是团队向心力和凝聚力的体现。

2016年5月23日凌晨,上海中环发生重大交通事件,天亮就是周一早高峰,半个城市一千多万人的出行将受到严重影响。当天凌晨,应急广播第

一时间得到消息：上海的大动脉——中环断裂！凌晨1点，总监指挥统筹，全面部署，录播节目全部改为直播，打响了一场跨越黑夜和白昼的"交通保卫战"。沉睡的上海街头，记者兵分几路紧急行动；主持人从梦中被叫醒，赶往直播室；文字编辑和新媒体编辑迅速到岗……大家有条不紊，各司其职。凌晨2:00—5:00，应急广播记者作为唯一被获准进入现场临时指挥部的媒体，源源不断将权威信息滚动播发，播发事故情况、现场施救、封路范围、绕行引导等各类信息140多条次，有效遏制了小道消息的蔓延。新媒体于凌晨3:00、5:00推送"中环事故造成桥梁主柱支撑损坏"等两条官微，截至第二天，浏览量累计超过10万人次。

经过一整夜的努力，第二天早高峰平稳过渡，大直播取得令人惊叹的效果。市政府副秘书长黄融事后在该事件的现场处置会上说："我是一路听着应急广播的指引开车到现场的，很及时、很准确！"在这次中环事件中，广播媒体独领风骚，可圈可点，充分说明了上海应急广播在重大突发事件中所发挥的功能作用和不可替代性。

2017年暑期，由中宣部新闻局亲自牵头组织"砥砺奋进的五年"之"绿色发展，绿色生活"全国报道组，12家中央媒体和5家地方媒体接领任务，上海交通广播作为5家地方媒体之一被"点名上岗"。

"青山绿水就是金山银山"，上海交通广播8月7日重点推出"双绿"系列报道，记者采写的《郊野公园：助力拓展城市生态空间》《轨交十号线引领上海地铁进入全自动驾驶时代》等报道，朴实无华，生动有趣。同时，拥有百万粉丝的上海交通广播微信、微博进行主题推送，由"1057TV"团队全程拍摄制作的视频新闻也同步播出。7月中下旬，恰逢上海140年一遇的高温天，上海交通广播总监和多路文字、音频、视频记者们，冒着酷暑进行了整整20天的全媒体蹲点式采访，展现了上海这座未来之城脚踏实地、热火朝天的建设过程，抒写了改革者、创新者、奉献者的精神风貌，并从他们身上吸取营养，发扬绿色创新精神，提升舆论传播水平。

习总书记说，要坚持正确的政治方向以增强"四个意识"，要坚持正确的舆论导向以认清传媒变局。一线记者在"走转改"下基层这样的大型和深度策划采访过程中，即使是已经非常熟悉的条线领域，也深深感受到了历练。

第十章　羊城交通广播:浅析媒体融合变革下广播娱乐节目的多平台互动

近年来,从"互联网+"战略的提出到全面落实,依托互联网技术的各种新媒体迅速崛起。在这一时代背景之下,各大广播电台的节目也纷纷利用社交网络平台取代传统的短信、网页留言板等互动方式,加入微博、微信等社交网络媒体的运营,利用互联网和听众进行"多平台"互动。多样化的互动方式和互动媒介,大大增强了节目的影响力与传播力。

作为服务交通,面向出行受众的一档晚高峰时段娱乐节目,广东羊城交通广播的《大卫小夫 DoDoDo》节目创新性地将多个互联网平台融合到节目中,在节目时段与听众进行实时互动,取得优异的成绩。微信公众平台粉丝超过6万,主持人微信微博粉丝超过2万,每日的节目视频直播观看量接近2万,节目官方互动社区聊天室每日有超过1,500位粉丝与主持人互动。

根据央视索福瑞和赛立信公司的数据,《大卫小夫 DoDoDo》节目收听率以及市场占有率稳居广州晚高峰时段第一位。本章结合《大卫小夫 DoDoDo》节目实例,浅析媒体融合变革下广播娱乐节目的多平台互动新方式。

一、用好微信公众平台:互动不再仅限于文字

不少广播节目在现阶段都需要与听众互动,以此作为节目内容的支撑,大多开通了官方微博等互动通道,主持人每日将话题发到微博上,节目时段

就坐等听众跟帖留言,读出留言信息。可是这种互动仅仅是以文字作为载体,跟传统的短信平台区别不大,节目的形式也没有相应的革新。

《大卫小夫 DoDoDo》节目创新地利用了微信公众平台的多个端口,将主持人与听众之间的互动不是仅限于"文字"这种单一形式,而是将互动多媒体化。节目开始前三小时,节目组就将当日的互动话题撰写成推送文章,在微信公众平台上推送给所有粉丝,引导粉丝参与节目互动。互动环节在节目开始前就已经开始,主持人通过微信平台持续与粉丝互动,增强互动热度,强化播出效果。

粉丝可以在话题推送的下方留言,精选留言会在节目中读出。粉丝也可以通过微信语音直接参与互动,声音直接在节目中播出,这些设计能丰富声音元素,增加听众参与感。此外,粉丝还可以通过拍摄"小视频"与主持人互动,在网络直播等其他可视化平台播出。这样就形成了文字、语音、视频三合一的多媒体化互动方式。

从《大卫小夫 DoDoDo》节目微信公众平台启用至今,平台粉丝数量已超过6万,而且数量还在不断增加。每日节目互动话题推送的文字留言量以及语音留言参与量均破百。主持人在节目中开辟专门的环节,呼吁听众在路上通过"小视频"报料路况、发送定位补充路况信息。听众在路上遇到困难还可以通过节目互动实现听众之间的互帮互助。节目通过这些方式倡导安全文明出行,取得了良好的社会效应。

二、公开主持人微信:从听众变成粉丝,采集准确数据分析受众需求

互动,就是让听众能参与到节目中,洞察受众心理,了解受众需求,才能更好地为受众服务。以往广播节目的受众分析,往往只能通过收听率调查公司,依据样本极少的抽样调查,描述出受众的大致轮廓。主持人只能通过受众大致的性别、年龄、学历、收听场所、收入水平等"猜"出听众的喜好,预测听众关心的话题。可是只是靠"猜"根本无法了解受众的真实情况,对节目的改进也只能全凭节目组的臆想,改进后节目的收听表现通常也无法尽如人意。

针对这种情况,《大卫小夫 DoDoDo》节目主持人小夫,直接将自己的私人微信账号二维码公开在听众互动社区平台,将自己的微信包装成"听众树洞",邀请所有听众都来扫描二维码,添加节目主持人为好友,还可以在节目外的时间直接跟主持人"说悄悄话"。

这样一来,听众可以通过微信随时与主持人互动,脱离节目时间和收听空间的限制。此外,听众还可以通过主持人的朋友圈了解主持人在节目以外时段的生活点滴,从而更了解主持人这个人,而主持人也有更多的机会展现个人魅力,把听众转化成粉丝,增强听众黏度,带动节目的"粉丝效应"。

更重要的是,主持人可以通过每一位听众的微信朋友圈,明确了解听众的生活背景和个人喜好,从而整理分析来自重度听众的大数据,并将数据加以分析应用,以更准确地将听众关心的话题根据热度排列添加到节目的互动话题队列中,确保听众能从节目中获取自己需要的、关心的、接地气的内容,从而提高听众的忠实度,更好地为听众服务。

三、开通视频直播平台:增强互动的现场感

广播是一种只有声音的媒介,被称为"耳朵媒体",在音响效果之下,由主持人的语言带领听众进入想象空间。对于听众来说,广播节目的主持人只有声音,究竟现实中主持人是什么形象,播讲节目时是什么状态,主持人的肢体语言和面部表情都只能够自己想象。互联网的出现以及各大直播平台的普及,使广播不再止步于"耳朵媒体",还可以像电视一样"看得见"。《大卫小夫 DoDoDo》节目在新的技术支持下,在广东广播电视台荔枝直播 App 中开通了官方频道,在日常节目的播出时段,同步在荔枝直播 App 的官方频道视频直播。听众可以在任何有网络的环境,通过荔枝直播 App 实时收听节目,更可以将主持人在直播室内的一颦一笑、举手投足全部"看在眼里"。目前每日的节目视频直播观看量已经接近 2 万人次。由于《大卫小夫 DoDoDo》节目在视频直播平台上并不像 FM 广播有广告时间和开口时段之分,两个小时的节目时段(包括广告时间)主持人的一举一动、一言一行都能

被直播平台的观众看见。所以在 FM 广播的广告时段中,主持人的言行就成为视频直播平台的独家内容,使广播听众与直播观众有截然不同的感受。平日收听广播的听众往往想知道主持人在麦后聊了哪些话题,提出了哪些观点,而视频直播的平台恰好满足了这种受众心理。内容的差异化使不少听众在听完 FM 的直播后,还会特意点开视频直播的回放,重温主持人在广告时段的观点意见。视频直播平台的开通,成功地将主持人从听众自我意识的臆想空间,拉近到跟听众面对面的现实空间,使节目的互动更加具有"现场感",大大增强了听众参与节目互动的热情。

四、建立节目社区平台:让互动多向化

主持人与听众的互动使广播节目焕发生命力,但广播节目中主持人与听众"一对多"的播讲,听众与主持人"多对单"的反馈使主持人容易产生"我是高高在上的"心理暗示,使主持人与听众在互动时不自觉地产生"距离感",听众与听众之间也没办法对互动话题以及节目内容进行交流讨论。《大卫小夫 DoDoDo》节目在阿基米德 App 上建立了官方节目社区,搭建了专属于节目听众的社交网络平台。每一天的节目直播时间,节目的官方社区都能够自动建立专属于当日节目话题的听众聊天室。在这里,除了主持人能跟听众互动,听众能给主持人反馈,听众与听众之间也能进行讨论,成功地从"你播我听"向"一起群聊"转变。社区平台还设有音频资源库、奖品福利库等页面,主持人定期在音频资源库上传节目外有趣的社区粉丝专属音频内容,并与商户合作,在节目社区定期发放"粉丝福利",增强社区活跃度。

建立节目官方社区平台,除了使互动多向化,还使粉丝成为节目强大的"后援会"。目前《大卫小夫 DoDoDo》节目官方社区平台已经有 1,500 多名活跃成员,节目组在社区平台上选取活跃度高、忠实度高的成员担任义务管理员,使忠实的粉丝成为节目粉丝俱乐部"大卫小夫神友会"的会长、副会长和干事,专门协助节目组定期组织听众活动,管理节目社区的留言,清理社区的不良信息,团结粉丝,增强社区凝聚力。

综上所述,在"互联网+"时代,广播节目如何与互联网有机结合成为各个节目组无法避开的重要议题。与建立单一的新媒体平台进行"换汤不换药"的互动相比,发挥好广播节目的灵活度,利用好不同新媒体平台的特性,与节目内不同的环节、不同的内容有机结合,和听众进行多平台互动,更能调动听众的参与热情,扩大社会影响,使广播节目焕发出独特魅力。

第十一章 贵州交通广播:融媒体环境下传统广播的多渠道发展思考

传统媒体如何在移动互联时代求生存的话题总有一种特别"悲壮"的感觉,现在信息传递的速度和广度以瞬间即达的方式让很多以传统传播方式发布信息的媒体感到震撼的同时,也让它们表现出无力应对的尴尬。对此学术界和业界的讨论、分析不绝于耳,各种应对策略也在各处上演。"实践是检验真理的唯一标准",这句话放之四海而皆准,对于传统媒体来说,适合自己并为自身找到生存之路的发展方略,才是唯一"对的"真理。

笔者在广播业界工作了二十多年,在贵州省和贵阳市的广播台都担任过管理工作,其间做了18年的省台总监。1994年参与创建了贵阳市交通广播,调到省台之后,先后担任广播广告经营部主任、经济广播总监等职,于2010年接手省交通广播,凭借经营创收将其带进了全国交通广播的亿元俱乐部。在多年的职业生涯中,笔者亲眼见证了传统广播的兴衰,对于广播的现在和未来,笔者的思考和实践也从未停止。

一、传统广播在融合媒体时代的突围

各地交通广播应该是最先感知市场变化的传统媒体,较之于纸媒的辉煌和繁荣以及电视的兴盛,广播电台一直有着自己的生存之道。随着国家的经济发展和人们生活水平的不断提高,城市汽车保有量在逐年上升,行驶中车内的信息传播给了广播再次发展的空间。直播互动自然成为广播在这个移动传播时代的卖点,各地交通广播依托及时的路况信息和精彩纷呈的节目占领了车载移动收听的绝对市场。

(一)长期累积的资源和公信力成就了交通广播的巨大影响力

《人民日报》社论曾指出:"新闻媒体是传播社会主流价值的主渠道,必须把弘扬社会主义核心价值观作为神圣职责。"从内地第一家交通广播开播到现在已有二十多年的时间,这二十几年正是中国经济社会快速发展、人们生活水平大幅提高的一段时间。目前全国各地交通广播均为当地收听率、社会影响力排名第一的巨大的宣传平台。作为传统媒体的广播电台,交通广播承担着新闻宣传、娱乐引领的主导作用,同时也是传播正能量,培育核心价值观的重要阵地。各地交通广播在新闻宣传、经营创收等方面的工作中不断开拓创新,走出了有发展、有融合、各具特色的新路。

长期以来,传统广播积累的听众市场、信息源头、人脉关系,都逐渐转化成市场环境下助力其发展的重要因素。这些资源成为其他新生媒介无法比拟的发展优势。多年来承担社会主流价值观宣传的工作,使广播积累了强大的公信力,成为各地民众心目中值得信赖的传统媒体。对中国的老百姓来说,传统媒体的信息价值远高于一些为了博取点击率不停发布消息的新生媒介。

(二)在交宣委的领导下全国交通广播的影响力与日俱增

交宣委成立以来,全国各地的交通广播有了行业联合发展的优势。许多具有全国知名度的大型活动品牌,均出自各地交通广播的创意,如湖南交通广播倡导的"爱心送考"十多年来成为全国交通广播在每年6月高考期间广受关注的大型活动;河北交通广播的《992大家帮》开创了广播民生帮扶类节目的新模式,在它的示范作用下,全国多家交通广播也纷纷开办了民生类的帮扶节目。在交宣委主导下,全国各地交通广播每年积极参与的"畅行中国"正在成为跨省交流展示的品牌活动,也得到了各省区市政府部门和各地知名商业企业的高度关注。

2013年3月5日,贵州交通广播成立了"952找到啦"失物招领公益平台志愿服务项目,联合共青团贵州省委、贵阳市道路运输管理局等多家单位,将中华传统文化中拾金不昧的美德用现代的品牌化传播方式确立下来。现在贵州交通广播也设有《952 找到啦》民生类节目,也成为本地听众信赖的、有良好口碑的节目。

目前全国各地已有多家交通广播被授牌成为应急广播,在突发情况下传递党和政府的声音,为难之处显身手,成为人们生活中重要的信息来源。

二、交通广播未来的发展

(一)传统广播 FM 节目端的转变:抓节目、树品牌、塑造公信力

2010 年初,笔者接手贵州交通广播,对交通广播原有节目进行了梳理和调整,根据当时贵阳本地的交通情况分析,将节目的收听人群聚焦在出租车司机群体,专门开办了《的哥的姐有话说》等几档关注主体收听人群的节目,同时将最受欢迎的晚间谈话节目《夜倾情》也重新定位为专为出租车司机排忧解难、疏导情绪的夜间情感节目。这种改变让贵州交通广播的节目受众群体更加明晰,通过抓住出租车司机群体,带动了乘客收听人群。

通信技术的发展使人们的生活发生了巨大的变化,以往的信息传达符合传统广播的传递方式,一对多,我说你听;3G、4G、5G 时代,人们对于信息和生活的要求颠覆了有史以来的所有认知。媒体在传播介质的改变过程中也经历着翻天覆地的变化。我们不能再用以前的思维方式来处理现在的传播工作。贵州交通广播在进入亿元创收俱乐部之后,也开始了新的探索。

目前贵州交通广播的节目基础架构是:早新闻节目《声动早高峰》、交通信息类节目《交通第一线》、舆论监督类民生节目《952 找到啦》,这些排列有序、受众目标明确的节目塑造了贵州交通广播 FM 节目端强大的公信力。

与此同时,贵州交通广播在 FM 端主线节目之外,设计了犹如肋骨一样针对不同市场的一系列商业类节目(如图 11-1 所示)。这些服务大众的吃住游购娱等节目,有面向旅游市场的《952 爱旅游》、面向汽车市场的《952 车世界》、面向家装市场的《952 大当家》和面向教育领域的《巴拉巴拉小秘密》以

及美食节目《美食辣嘴巴》等等。这些节目都有非常明确的市场导向,以强大的媒体公信力作为背书,渗透至各个指定行业,成为这些行业中的"媒体观察员",掌握行业与民众之间交流沟通的话语权。

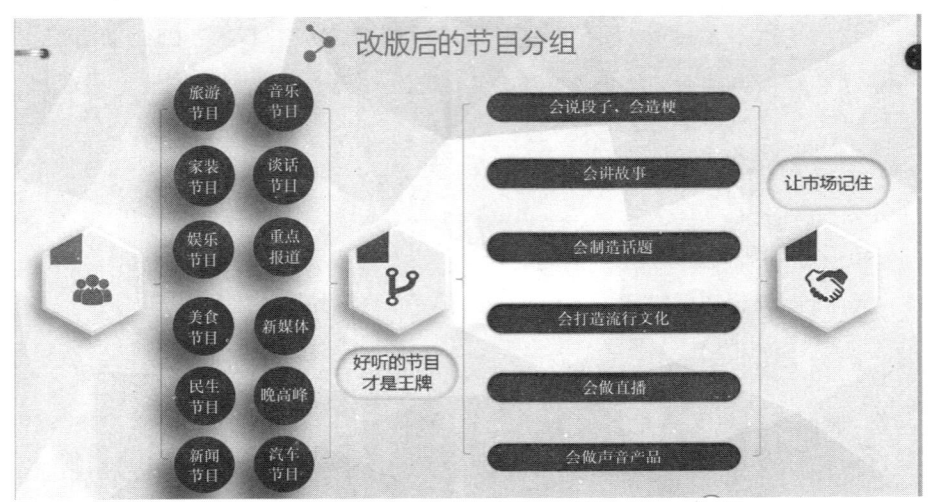

图11-1　贵州交通广播改版后节目分组示意图

这些精准定位的FM端广播节目,由交通广播成立的多个面向市场的"准工作室"小组制作播出,它们分别在交通、汽车、餐饮、家装、旅游、教育等领域扎下根,渗透本地生活,成为我们手中多个渠道的先遣队。

对于交通广播的编辑、记者、主持人来说,好听的节目就是我们的王牌,能被听众叫得出名字的主持人、记者和编辑才是这个匆忙的时代里能够过耳不忘的明星。所以作为总监,笔者对贵州交通广播的节目只有一个听起来简单但做起来很难的要求,那就是好听。只有好听的广播才是市场记得住的品牌,才是我们在新时代发展所需的一个生活入口。

(二)建立"阳光品牌榜",将公信力转化成市场的品牌力量

通过信息的整合传播,贵州交通广播在本地的收听市场和民众心目中都拥有巨大的影响力。与此同时,贵州交通广播最受人们关注的还是良好的公信力,这是一个媒体的立身之本。"952找到啦"失物招领公益平台项

目,获得了中广联合会领导的点名表扬;和12345市长热线合作的民生节目,也成为全国交通广播十佳帮扶类节目;952爱心车队获得全国宣传推选志愿服务"四个100"的"最佳志愿服务组织"先进典型称号。贵州交通广播的宗旨是"阳光、公益、爱心",这六个字贯彻到了整个频率的事业发展中,由此形成的强大的公信力,也成为我们进入移动传播市场的有力保障。

2018年春节过后,贵州交通广播设立了面向生活服务领域的"阳光品牌榜",旨在通过职能部门、行业协会、听众粉丝的推荐和评选,对涉及大众生活各个领域的商业品牌进行梳理盘点,以贵州交通广播授予品牌榜的方式,为大众建立全面优质的生活服务参照系。"阳光品牌榜"的创立在于让原本只是传统媒体的贵州交通广播进入社会生活的市场领域,在人们生活中留下可供参照的标准,同时,也在传统媒体周边形成一个商业形态的闭合圈,实现产业经营的转型升级。

(三)两微一端和952App助推传统广播进入新时代

贵州交通广播是贵州省内最早注册使用新浪微博的媒体,现在我们的官方微博拥有46万粉丝,官方微信公众号也积累了21万粉丝。贵州交通广播的双微无论在传播党和政府的声音、社会主义核心价值观、正能量方面,还是在吹响市场经济的号角,助力广播频率经营创收方面都显现出巨大的能量。双微犹如我们飞向新媒体市场的一对翅膀,让蓄势待发的贵州交通广播如虎添翼,让我们在将952App这艘航船扬帆出海时胸有成竹。

不少传统广播媒体在涉足新媒体时,除了注册发布微博、微信之外,还是以广播单频发布商业广告的方式搞经营创收,而对贵州交通广播来说,各个渠道都是宣传阵地。贵州交通广播所有员工都有经过认证的新浪官方微博统一前缀的"贵州交通广播"的个人账号,确保在微博上发布的言论是经得起检验的真材实料。此外,交通广播频率还有一主三副的官方微博账号;微信也在设置了频率的公众号之后,让各个节目小组(准工作室)成立各自的微信账号,并发动所有员工利用好自己的朋友圈。所以,当有需要统一发布的重要信息时,交通广播是"火力全开"。在所有的渠道都会有消息放出去,最大限度地将信息放大传播。例如,2018年冬天的极寒天气情况下,高速公路通行状况、市区交通和气象信息都通过广播、微博、微信公众号、朋友圈等渠道迅速发布出去,形成了互相依存连通的传播矩阵。

此外,融合媒体时代贵州交通广播最重要的破局之法就是开发推广拥有独特卖点的手机客户端。贵州交通广播从 2018 年开始实施"952App"计划,这不是建立一个单纯的媒体发布应用,而是一次从媒体到综合体的商业模式的探索。所以,拥有收听率和市场占有率双冠军的贵州交通广播就成为这个计划的首发推广阵地。好听的广播,入耳入心的媒体,是引导受众和粉丝进入这个项目的当然入口。

贵州交通广播 952App 的卖点是建立本地以银联金融支付为核心的商业运营模式,成为广播听众和各路粉丝在本地生活中,最便捷、最有品质、最有保障的综合性应用平台。

贵州交通广播会在 952App 上架使用者能够便捷开启的各种功能,比如可以通过 952 路况云平台查看路况,这对使用过智能导航地图的车主来说是更大的福音。我们的云平台是即时的、可视化的,凡是 App 的实名注册会员都可以查看路上交通的视频动态,据此可以对前行道路做出准确的可视化的判断。此外,这款应用还将开设多种便民的项目,如共享车位、顺风车、支付停车费等,将广播的粉丝转化成会员。

拥有强大公信力的传统广播,是手机应用 952App 强有力的后盾。在 FM 端的交通广播设置了多个与市场紧密连接的节目之后,这些先遣军已经成为 App 应用中与各行业商企对接的连接点。通过前期节目关注和线下拓展活动的发动,952App 上线之后即可完成商家信息的建设。这些和传统广播有着千丝万缕联系的商家,为下载使用 952App 的粉丝们搭建了广阔的商业应用场景。

在这个应用场景中,952App 的作用是一个枢纽,连接起银联网络的支付系统、各路商家的消费优惠信息和媒体多渠道的推广和监督等。支付宝和微信的便捷支付提前教会了人们怎样使用手机作为日常生活消费的支付方式,我们省去了这部分的宣传费用。在两大巨头的引领带动下,本土生活的消费市场仍然是我们可以"分一杯羹"的红海。对于下载使用各种手机应用的消费者来说,他们的选择是我们瞄准的市场,他们的关注度是可以通过媒体引导的,他们的消费是可以被优惠信息、优质品牌引领的。贵州交通广播建成了媒体周围的商圈,通过对商圈内合作商家的宣传推广,让更多的粉丝和用户获利。

(四)开发车内信息空间,为车联网时代做好布局

近期,贵州交通广播与福建省广播影视集团合作,通过资本运作推广"广电+车联网"产业项目,在最新一期的《中国广播》杂志上刊载了福建广电的同行对这个项目的介绍文章。"广电车盒子"是搭载了与传统电台交互系统的云后视镜,在现有云后视镜的基础上,通过语音互动可以实现与直播的广播节目互动的功能。

贵州交通广播952App将与广电车盒子密切合作,实现一个车内和手机客户端的交互应用,将车内的互动交给广电车盒子,在连通了直播节目的同时,也将手机客户端的952路况云平台同步到手机,驾驶员可以在行驶途中用语音控制云后视镜,了解即时同步的摄像头捕捉到的路况,据此为自己设计行车路线,避开拥堵路段。

此时,广播直播节目在车内依然通过FM端传递信息,广电车盒子通过多种科技连通互动,手机客户端成为两者的连接点,全方位地满足了车主的出行和生活需求(如图11-2所示)。这一整套系统对于传统广播来说,无疑构建了一个新的传播渠道。

图11-2 贵州交通广播952App枢纽结构图

如图 11-3 所示,在广电车盒子的应用中,利用基于位置的服务广告与 952App 的路况云平台共同搭建起有别于传统广播的广告经营渠道,即装载了广电云后视镜的车辆在行驶过程中,路过签约商家的地点时,可以将商业广告投入广电车盒子,以语音播报的方式让驾驶员了解其宣传内容,也可以通过广播节目和手机客户端发挥更大的传播作用。这样就实现了一种质的改变,即将原本只出售时间的广播广告,拓展了多种发布渠道,不仅在时间有限的广播节目中,也在移动端,以无处不在的方式深入车主的生活。

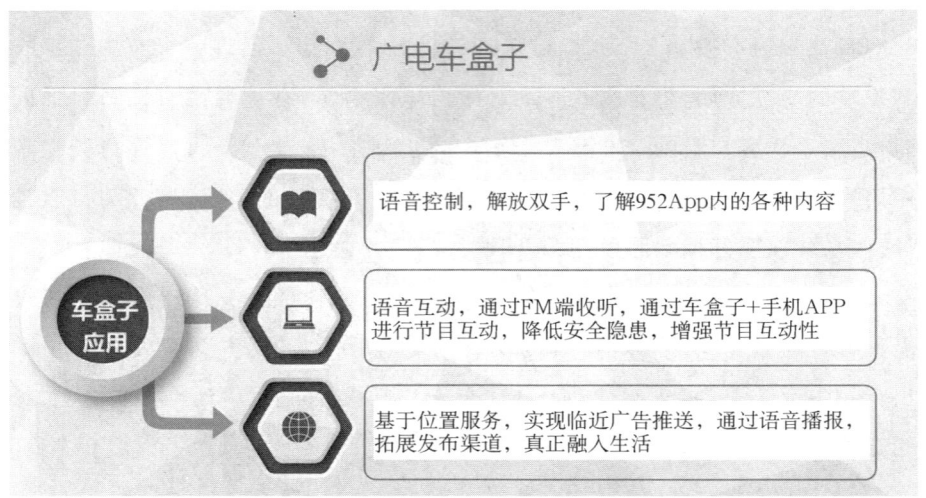

图 11-3 广电车盒子功能示意图

贵州交通广播从 2010 年起通过节目创意树立品牌,在贵州本地发展成为收听率、市场占有率双第一,经营创收上亿元的传统媒体。在不断探索的过程中,我们深刻地认识到,传统媒体能否在融合媒体时代生存和发展没有固定的答案,广播人不断探索、不断试错、不断进取的精神,就是新时代让主流媒体永远屹立不倒的真理。

第十二章　楚天交通广播：用"行动"寻找广播转型发展的答案

当下，媒体环境正发生着深刻变化，新媒体技术日新月异，对传统广播造成巨大冲击。媒体融合既是大势所趋，也是当前广播界面临的最大挑战。传统广播应该如何融合转型？湖北广播电视台交通广播部与安徽、河南交通广播及中广联合会交通宣传委员会共同发起、策划的"畅行中国·走进大别山——2017全国交通广播脱贫攻坚新闻纪实在行动"大型广播新闻行动，用实际行动进行了有益探索。

一、围绕中心服务大局，创新主题宣传

湖北广播电视台交通广播部始终将媒体责任扛在肩上，从2013年到2016年，连续策划组织了"中国梦 长江行""车轮上的中国""畅行汉新欧 精彩新丝路""荆楚湖泊报告"等系列大型主题宣传。这些主题宣传立足国情省情、国计民生，通过一篇篇充满生活气息的报道把抽象的主题具象化，把国家战略细化为百姓情怀，提高了频道的站位和格调，强化了媒体的权威性和公信力。交通广播在政府和百姓中的影响力不断扩大，也促进了频道的发展，从年收入200多万元成长为年收入过2亿元的强势频率。

2017年是精准扶贫攻坚年，又逢建军90周年、黄麻起义90周年，湖北广播电视台交通广播部再次发起推出"畅行中国·走进大别山——2017全国交通广播脱贫攻坚新闻纪实在行动"。大别山地处鄂豫皖三省交界处，是红四方面军的诞生地，书写了一系列"红旗不倒"的革命传奇，但到现在还是

连片特困区。交通广播部策划推出"畅行中国·走进大别山",通过深入报道大别山在扶贫攻坚中的有益探索、宝贵经验,全面展示大别山区决战贫困的壮丽图画。

活动新媒体阅读量超过3,900万人次,节目收听量突破3亿人次,中宣部新闻局《新闻阅评》对本次活动给予高度评价:这次活动既是全国广播界一次紧扣时代主题、回应社会关切的宣传行动,也是运用媒体力量为脱贫攻坚办实事的行动。全国交通广播"畅行中国·走进大别山"活动通过传播创新,形成"跨域联动、整体推进、务实高效"的模式。这是落实国家精准扶贫攻坚战略的实践之旅、公益之旅,很好地践行了新闻媒体的社会责任。

二、整合资源跨域合作,扩大传播影响

新媒体时代,传播正在朝着全域化的方向发展。交通广播作为区域性的专业媒体,只有将全国交通广播的资源优势结合起来,进行跨区域深度合作,才能提高传播效率,增强传播影响力。"畅行中国·走进大别山——2017全国交通广播脱贫攻坚新闻纪实在行动"通过三省媒体跨域合作,真正实现了资源互通、优势互补、成果共享。

大别山跨越湖北、安徽、河南三省,过去三省媒体都是各自为政进行宣传。这次新闻纪实行动将三省的交通广播资源整合起来,确定了"1+2"的合作方式。接下来在行业组织的支持下,全国45家交通广播参加活动,128家交通广播助力报道宣传。从单频传播、1+2,再到1+45、1+128,迅速演变成全国交通广播行业整体联动的跨域合作,形成了宣传的倍增效应。

"畅行中国·走进大别山"实现了中国交通广播宣传报道史的创新和突破。这是第一次跨省联合举办"畅行中国"活动,五天的活动时间里,采访团辗转湖北、安徽、河南三个省份,行程千余公里,采访13个地点。三省交通广播联合组建活动宣传"中央厨房",集中策划,统一调度,有序分发。特别值得一提的是4月24日的大型现场直播节目《春到大别山》,全国12家交通广播同步直播,128家交通广播专题联播,在全国范围内奏响了脱贫攻坚的"交响曲"。

三、深入基层贴近百姓,讲好主题故事

主题报道宣传既要上天,传播开去,又要落地,被听众接受。如何增强主题报道的感染力?脱贫攻坚新闻纪实行动的宣传着力点应该放在哪里?此次新闻行动最后把宣传的着力点放在"人"上,放在讲好脱贫攻坚带头人的故事上。于是选择了一批沾着泥巴、青草的大别山人,一批不向贫困低头的倔强的大别山人来进行报道,用他们的故事去感染听众,用他们的故事去引领想要脱贫的群众。

闻彬军是湖北英山神峰山庄的庄主,在北京打工13年后,回乡投资近亿元,用72天的时间创立了神峰山庄,发展蔬菜基地4,500亩,培训安排627名贫困员工,将产业、旅游、电商有机结合。在神峰山庄,闻彬军给黑禧猪们开运动会,让它们跑步、跳水、游泳完成"铁猪三项",还让村里的媳妇、小伙、大爷、大妈们天天压腿、吊嗓、练舞蹈,还穿上演出服搞晚会……经过四年的发展,2016年神峰山庄仅生态农产品销售就突破1.7亿元,年接待游客20多万人次,带动当地2,320名农民就业,3万多人脱贫,成为乡村扶贫新样板。

刘锦秀是全国人大代表、罗田县的扶贫带头人。她13岁就辍学外出打工,做过缫丝厂工人、家政服务员,摆过地摊,当过幼教,后来又开商店,创办物流公司。当她看到家乡人民还在贫困线上挣扎,毅然决定回乡创业。2007年,刘锦秀成立了黄冈市首家以养羊为主的锦秀林牧专业合作社,带领一批农户抱团闯市场。如今,她养的黑山羊已经全国有名,帮助当地近8,000户贫困家庭靠"羊"脱贫。当全国人大代表三年,刘锦秀为大别山牛羊产业呼吁了三年。在刘锦秀看来,散是满天星,聚是一团火。同乡亲们一道奋斗、一道前行、共同致富,是她永远坚守的情怀。

余静是安徽金寨县人民医院信息科的科长,32岁那年,她主动请缨到大别山金寨县大湾村当村干部。2015年全村有211户贫困家庭,2016年变成了171户,同样是这一年,她拍着胸脯对前来大湾村的习近平总书记说:"一户不脱贫,我就一日不离开。"她带着村民们种茶、搞养殖,帮助村民们从住了上百年、住了上十代人的破屋子搬进了独栋小楼。

虽然时间紧张，但记者们在提前备足功课掌握素材的基础上，从接近人物的那一刻起，就进入状态，马不停蹄地忙碌起来，寻找最鲜活的第一手素材，争取通过"规定动作"和各自的"自选动作"，把报道做得"有新意、有深度、有感染力"。应该说，这次新闻纪实行动就是一次实践"走转改"的行动。无论是湖北的英山、罗田，还是安徽的金寨、河南的新县，交通广播的记者们穿行在山里田间，和村民唠农事、拉家常。记者们通过电话、通过话筒、通过笔触，将基层所见所闻反映在节目里、网络上，这些沾泥土、带露珠、接地气的报道，见证了春风吹绿大别山的沧桑变化，感受了大别山人在脱贫攻坚中的心路历程。通过记者的报道，一个个有血有肉、个性鲜明、真实生动的大别山人的脱贫故事走进了千家万户，产生了巨大的反响。

四、创新形式融合传播，注重用户视角

全媒体时代，广播媒体在内容生产方式、技术手段、传播方式以及运营模式等各方面受到了较大冲击。回顾广播发展的历史，只有变革的广播才不会死亡，广播＋互联网融合传播是广播突围的必由之路。

"畅行中国·走进大别山——2017全国交通广播脱贫攻坚新闻纪实在行动"，是交通广播融合传播的一次成功尝试。活动相关内容整体关注量达3,921万人次，其中，微博、微信、今日头条、长江云等话题各媒体阅读量达到3,503万人次，视频直播共计418万人次观看。

全媒体时代，内容依旧是新闻生产的核心要素。新媒体传播虽然具有即时性，但并不是自然主义的有闻必录，同样需要策划。这次活动，新媒体端与广播端的内容策划几乎同时进行。提前对新媒体在微博微信、图文制作、视频剪辑等方面进行分工，各有侧重，优势互补，从而保证了在活动进行中有步骤有计划地推出有质有量的新媒体内容。本次宣传战役让优质内容唱主调，推出了《10个字母带你"走进大别山"》《发现一个不一样的大别山》等系列内容鲜活、生动的新媒体产品，产生了一批以"新""快""短"为特质的爆款产品。

(一)以"新"吸引受众眼球

此次宣传充分运用了H5、微博微信、视频直播、短视频以及海报信息图等方式,采用了3D、动漫、高清航拍以及全景拍摄等新报道技术,使网友更愿意接受主流价值的宣传。4月24日在安徽金寨大湾村的航拍,采用"高清航拍＋全景VR"的呈现形式,网友可以直观地看到一年后,当地新旧两类房屋村舍的鲜明对比,感受老区崛起的新变化。

(二)以"快"抢占传播先机

本次宣传战役中,湖北、安徽、河南三家交通广播将各自的新媒体团队全部调派一线,在"快"字上下功夫,要求采访快、制作快、发布快,抢占第一时间。每到一个采访点,除了常规的广播连线,新媒体团队和记者们会在第一时间将采访情况、所见所感以文字、图片或者短视频等形式,发布到微博、微信以及今日头条等各大平台。高清航拍、720度VR等产品都是在现场半小时内生产并通过交通广播的微博、微信传播。

(三)以"短"凸显报道亮点

不论是前期的预热,还是活动期间的宣传以及活动结束时的60秒回顾,都紧扣脱贫攻坚主题,简短凝练。10秒～1分钟的时长,节奏快,内容主线明确,契合了移动端阅读需求,特别适合在社交网络以及短视频平台上进行分发,清晰传递、解读了活动新闻信息。

(四)以"互动"营造直播氛围

视频直播是广播转型发展的突破口。传统媒体发展到新媒体,其实是从单向传播到双向、多向传播的转变。广播过去一直是一种单向传播,内容生产者和内容消费者之间难以进行大量、即时互动,而视频直播正好弥补了这一缺憾。此次采访中,多家交通广播的记者开启了视频直播,农村企业家、村干部、村民纷纷成为直播访谈对象,比如英山茶园里的茶农,一边采茶一边同网友打招呼。不少在外地工作的大别山人,通过手机在直播中和主播互动,和乡亲们互动,还不时发表议论,营造了一种"在线感"和"参与感"。

五、主题宣传虚实结合,体现媒体担当

主题宣传"虚""实"结合,即既要有宣传上的"势",也要有老百姓感受到的"实",不是"一风吹",而是"播种机",让交通广播真正在大别山里扎下根。

消除贫困是全人类的梦想,让一亿多农民摆脱贫困是我们的中国梦。脱贫攻坚既是政府的责任和义务,也是全社会共同的责任和义务。在精心做好宣传报道的同时,"畅行中国·走进大别山——2017 全国交通广播脱贫攻坚新闻纪实在行动"立足扶贫需求,拓展思路,整合资源,从旅游扶贫、医疗扶贫、文化扶贫到产业扶贫等多个方面为大别山老区办实事,让群众得到实惠。

湖北、河南、安徽三家广播电视台分别与三省扶贫办签订了"千万扶贫公益宣传基金"协议。每年投放价值一千万元的扶贫公益宣传资源,专项用于贫困地区的经济及旅游宣传推广,基金设立期为三年,共计九千万元。

中广联合会分别与湖北英山县、安徽金寨县、河南新县签订文化扶贫协议,在文化实践、产业升级、人才培养、教育培训等领域开展合作,促进双方资源互补,实现共同发展。

中广联合会交通宣传委员会授予湖北英山、安徽金寨、河南新县三县"中国自驾游首选目的地"牌匾,助力大别山脱贫攻坚,打造"大别山新文化与生态旅游"精品线路,建设旅游休闲基地。

中广联合会交通宣传委员会授予湖北英山县四顾墩村、安徽金寨县大湾村、河南新县茅屋冲农场三地为全国交通广播爱心扶贫实践基地。

在这次活动期间,湖北广播电视台交通广播部联合湖北省健康管理学会,从省内同济、协和等知名医院,抽调 30 名有着丰富临床经验的各科医生,携带专业的医疗器械设备和价值一万多元的药品,为英山县孔家坊乡四顾墩村 200 余位村民进行健康义诊和提供咨询服务。

河南交通广播在新县举行"寻找美丽乡村教师"活动,为农村教育送去

力所能及的帮助。安徽交通广播908爱心车队和爱心企业为金寨县中小学校的留守儿童和贫困学生捐赠价值四万多元的衣服，"一对一"结对帮扶学生11人。

活动的报道引起了全社会的关注。4月23日，北京交通广播记者在湖北罗田县锦秀林牧专业合作社现场连线直播，河北省临城县一家畜牧企业听到节目后，就向交通广播打听合作社负责人的电话，希望进行合作洽谈。这样的例子还有很多。为山区脱贫做实事，把根扎在群众中，既是媒体的责任，也是媒体发展的生命力所在。

六、锤炼队伍转变作风，建立扶贫实践基地

在这次活动中，中广联合会交通宣传委员会授予湖北英山县四顾墩村、安徽金寨县大湾村、河南新县茅屋冲农场三地为全国交通广播爱心扶贫实践基地。在贫困山村建立这样一个基地，有两个层面的考虑：一是尽媒体的力量为山区提供扶贫支持，让村子成为对口帮扶的对象；二是着眼新闻队伍的建设，锻炼记者，尤其是年轻记者，让村子成为了解农村的"窗口"，进行"走转改"的基地。在媒体生态发生急剧变化的当下，我们不能忽视这样的现象：一些媒体人远离新闻一线、社会基层，带着主观倾向，断章取义，满足快餐新闻、轻浮浅薄等。一些年轻的编辑、记者、主持人从校园到频率，不了解农村，不愿意去艰苦的地方采访。

百姓、基层、社会现实始终是新闻的主阵地，只有真正走到基层的新闻工作者，才能切身体会到"转"和"改"带来的收获。通过这次实践"走转改"的新闻纪实行动，众多交通广播的年轻记者们在这一路的深入采访中锤炼了采访作风，提升了思想认识。

湖北广播电视台交通广播部对口的"爱心扶贫实践基地"2017年4月建立，目前频道已经组织采编播队伍四次奔赴大别山，包括年轻记者驻村采访、组织广播剧创作、组织采编播人员为村民带去文艺汇演、组织爱心车友到当地自驾游，并定向募捐一万多元，资助四顾墩村60户贫困家庭。这种队伍"走转改"和定向扶贫，以后也将成为湖北广播电视台交通广播部的常态。

"畅行中国·走进大别山——2017全国交通广播脱贫攻坚新闻纪实在行动"用实际行动探索新媒体背景下,传统媒体如何唱响主旋律,如何用跨域合作来倍增广播的效能,如何增强主题宣传的感染力,如何履行媒体的社会责任,如何进行广播+互联网的融合传播,如何践行"走转改"等重要议题,为广播转型发展提供了经验借鉴。

第十三章 河北交通广播:万变不离媒体融合,扎实做好内容深耕

河北交通广播成立于1996年1月1日,是河北广播电视台下属九个系列频率之一,发射覆盖京津冀,全天节目精准定位于"责任媒体·爱心广播",以"交通992,有路就有爱"为核心理念,围绕出行人群,潜心打造"服务""帮忙""公益""应急"等几大品牌,历经多年奋斗磨砺,频率品牌"992"在本地已广为人知,以中国新闻名专栏《992大家帮》为代表的多个品牌节目及林夕、佳音、老郑、伟龙等多位实力派主播也广受追捧。河北交通广播因此多次获评国家新闻出版广电总局"全国最具综合实力省级交通广播媒体""最具影响力交通广播频率"。

"河北交通广播"微信公众号于2012年12月成功注册认证,是当地主流媒体中运营最早的微信公众号之一。和其他公众号不同的是,"河北交通广播"是依托传统广播节目,兼具广播节目主要互动渠道职能的广播媒体公众号。经过七年多的运营,目前河北交通广播官方微信粉丝数超过183万,日均阅读量超过46万人次,日均互动1.8万人次。

回顾河北交通广播微信公众号七年多的运营实践,从懵懂尝试到主动出击,从跟着感觉走到精准受众定位,从形式不断出新出奇到内容讲究质量、品格,从辅助线上节目互动到助力频率创收营销……"河北交通广播"精心设计、精心打造、精耕细作,在微信运营方面进行了大量积极而有益的探索,也曾多次遭遇瓶颈和困惑。

一、精准定位,给用户一个关注的理由

众所周知,每个新媒体运营者在注册微信公众号前,都不免要问自己这样的问题:我们要做什么?做给谁看?对任何一个微信公众号而言,定位都是必须首先要思考的问题,因为如果定位出现偏差,就不亚于目标定位错误,那将意味着今后每一步的行走都是徒劳的,正所谓"失之毫厘,谬以千里"。

具体到河北交通广播的微信公众号,由于依托线上节目做微信的属性,似乎定位逐渐明晰就成了一个水到渠成的过程。由于公众号设立之初就潜在带有"服务+帮忙"的基因,所以很快标签就逐渐鲜明起来,那就是向自身主业"交通广播"靠拢,秉承"围绕交通、融合广播、服务用户"的理念,以打造燕赵第一服务品牌为目标,以创新精神为引领,不断做大做强。

在实际运营过程中,公众号紧贴频率定位,实现微信公众号与广播节目的共振双赢。起步时,广播节目的影响力、公信力,为微信公众号提供信任背书,节目引导用户关注,这一点至今仍然在继续。随着微信影响力的逐步扩大,微信和广播渐趋形成相辅相成、互促共进的格局。用户数的"雪球"效应日渐凸显,许多用户都是先关注微信,再关注广播的,微信开始反哺线上节目,为线上广播的市场影响力做出了较大贡献。

明确了公众号的定位后,更加迫切需要解决的问题是:如何把用户拉进来?如何让用户留下来?

"河北交通广播"微信号在服务功能方面下了很多功夫,受线上节目启发,先后开通了很多服务功能,如违法记录查询、各地交通限行措施查询、全国主要机场航班查询、京津冀及周边地区主要城市天气查询等,受众体验度良好,因而极大地提升了粉丝黏性。但类似功能开发仍缺乏实质性的技术含量,只要想做,大家都可以模仿,假以时日,必然导致独特性和唯一性很快丧失,独家优势也就无从谈起了。

事实证明,想要守住独特性和唯一性的阵地,就必须有看家内容、看家渠道,例如合理开发现有广播的独家资源。河北高速交警总队在这方面给

予了河北交通广播大力支持和帮助。基于对方对主流公共媒体传播力、影响力、引导力和公信力的充分认知,几年前,河北交通广播的高速路况播报员队伍,就已经顺利入驻河北省高速交警总队指挥中心。此后,河北高速交警与河北交通广播联手协作,切实为选择京津冀及周边区域高速出行的广大人民群众,提供了大量优质高效的服务。当河北交通广播把这部分资源平移到微信平台后,自然也是大受欢迎。这一独家服务真正做到了最权威、最及时、最专业,从而也最大限度地满足了受众出行的刚需——高速路况。

由于河北地处华北,秋冬季节的雾霾冰雪天气较多,已上升为近年来困扰民众出行的最主要因素之一。每当这样的灾害性天气出现时,交管部门出于安全的考虑,都会采取封路、分流等临时管控措施,此时通行高速的驾驶者急需了解高速是否关闭,哪些路段关闭,何处站口分流,何时恢复开通等信息,河北交通广播的高速路况播报员便会和高速交警指挥中心的警官们并肩作战,随时收集最新信息,第一时间通过节目和微信发布信息,不断更新高速路况,在有效满足刚需的同时,也潜移默化地培养用户的习惯路径依赖。类似的经验告诉我们,要想有效增进黏合度,就要把服务做专业、做极致,让用户但凡有这项需求时,就会想到你。

二、强化互动,增强公众号活跃度和受众黏性

在常态化运营的微信公众号中,与用户互动的方式通常有两种:会话互动和留言互动。用户也可以通过这两种功能在微信端与公众号的运营者实现有效互动。在河北交通广播的微信运营中,对这两种互动功能的使用进行了如下尝试:

(一)会话互动

关注某个微信公众号后,直接发送留言即为会话互动。会话互动主要分为文字、图片、语音、小视频四种方式。用户可通过会话互动提出问题、传递消息、发表心情等,公众号的运营者则可以通过消息回复的方式一对一与用户互动,需要说明的是公众号运营者与用户的会话互动有别于QQ等其

他社交方式,只有运营者可以一对多同时读取用户的信息,用户之间是无法互相读取的。这在某种程度上,极大地改善了线上广播互动的品质,听众在收听节目的同时,如果希望与主持人之间便捷完成文字、图片、语音、小视频互动,就会自然转化为公众号用户,而这些互动中的文字、语音、图片、微视频,编辑稍经筛选即可直接作为播出素材,成为受众生成内容的重要组成部分。对于大多数受众来说,在广播里听到自己的各类信息被节目直接采纳,心理上的喜悦感和满足感是无可替代的,他们会因此变得积极、兴奋、主动。如果能对这部分受众给予及时充分的肯定和鼓励,他们会在不知不觉间成为传播的主力,并最终协助运营者大大提升公众号的日常活跃度。

(二)留言互动

留言互动是指在微信公众号所推送的图文消息的留言区书写进行留言的一种互动方式。公众号的图文信息推送是受权限限制的,除了一部分早期申请的微信公众号每天有推送三组图文信息的权限外,后来的很多微信号都只能日推一组图文信息。因此要想让受众在主动推送之外,更多地与运营者实现有效交流,充分使用留言互动功能是必须学习的功课。

在日常运营中,经常看到的留言主要分为如下几类:对所推送的图文消息本身进行评价的,对留言区某一条留言内容跟进评论的,对自己想要了解的特定内容进行提问的,以及对公众号运营者进行隐私探秘的……其中腾讯微信自带运营者留言管理功能和留言总条目上限释放 100 条的功能,则让留言这种常见的参与方式变得有了门槛,因此衍生出或多或少的神秘感,无形中增加了仪式感,也增加了用户心中的成就感。很多用户会因留言被挑作精选而兴奋,以收到作者回复作为一种赞赏甚至是奖赏。经过几年的摸索,我们发现,如果巧妙引导受众,玩转留言区,会让互动的效果加倍释放。

1. 潜移默化

人都有从众心理,如果有粉丝在留言区点赞文章写得好,更多人看到后,也会接受一种特别的心理暗示,接力为文章点赞,这样一来便增加了传媒的美誉度。

2. 粉丝荣誉

对于超级大号的粉丝来说,久而久之,能上留言区就成为一种荣誉和嘉奖,他们会心生自豪,并因此对平台产生更强的认同感。

3. 话题运营

好的运营者还可以把留言区当作社区来玩,尝试提出一些论坛式话题,让大家在留言区畅所欲言,各抒己见。

4. 文章补充

留言区还可以被开发为正文的补充或纠错的小特区。在很长一段时间内,微信有一个近乎严苛的规则,即推文无悔。如果在文章里遗漏了某些内容,或有某些难以追回的硬伤,作者就只能在留言区以留言或答复用户留言的方式来进行补充和纠错。

总之,多一些互动,多一些趣味,运营者与用户之间的距离就会越来越近。一旦用户参与热情被彻底激活,用户就会把你当朋友,忠诚度和信任度也将随之大大提升。

三、深耕细节,达成 10 万十的必经之路

(一)标题:抢眼、走心、出奇

关于微信推文的标题如何画龙点睛、先声夺人,几乎每一个做出过 10 万十图文信息的微信小编都深有体会,必须要时刻思考这几个问题:用户为什么要点击它?为什么要给它点赞?为什么要去分享它?

后微信时代,阅读不再是碎片化,而是碎末化。在碎片化时期,利用碎片化时间几乎能阅读完所有的公众号推送和朋友圈内容。但随着订阅的公众号越来越多,通讯录好友、关注的群也越来越多,当订阅的内容和朋友圈信息超过一个自然人的信息接收能力上限后,阅读就变成了碎末化。具体表现为:刷朋友圈时,停留在每篇文章的时间越来越短,如果一秒钟文章标

题抓不住用户,文章就会被忽略。标题几乎承担了吸引阅读的全部重任。这就需要做适合传统媒体中的新媒体传播的"标题党",在拟定标题时下足功夫。

广告大师奥格威曾经说过:读广告标题的人是读广告正文的五倍。在新媒体上,这一比例远远超过五倍。如果文章中有一些重要的事件或人物,一定要体现在标题里。那么,什么样的标题受人欢迎呢?美国《纽约客》杂志经研究得出结论:使人好奇的——勾起读者天然的好奇心;令人怀疑的——引起读者固有的疑虑;让人想学的——满足读者想了解的欲望。某权威微信公众号的观点是:如果说我们花了三个小时写文章,那么我们还会花半个小时讨论标题。不鼓励标题党,但标题一定要引爆沸点。

(二)内容:多媒融合,精心编排

通过调频收音机进行单一声音传播的传统广播媒体,在新媒体百花齐放、活色生香的全新传播模式的挤兑下,早已成明日黄花,渐趋落寞。微信公众号的出现让传统的广播人在此寻回了施展拳脚的机会。全媒体展示的平台,自然不能再局限于某一种内容编辑方式,融媒体的运营理念即要求全媒体皆可为我所用。在内容的选择与编排方面,可以重点关注:

1. 多媒融合

移动传播的传播介质决定了受众口味,受众更希望得到全面立体的阅读体验。文字、图片、音频、视频,甚至图表等多种更为直观的表现方式,可读可视,大受欢迎。

2. 逻辑清晰

新媒体重视用户体验的特性决定了用户的逻辑,一切让用户看不懂的文章都是对用户自尊的挫伤,带来的结果就是用户的流失。因此如何在单位时间或规定篇幅内把信息说得更加清晰准确,强大的逻辑概括能力必不可少。

(三)篇幅适当

长期的运营大数据显示,微信图文消息篇幅适当的重要性体现在,能让用户顺利看到文末点通广告。单篇图文 800 字以内为宜,图片 8 张以内为宜,音视频文件在 1 分半钟以内为宜。

(四)排版精美

从某种角度说,新媒体是视觉艺术,因此所推送图文的排版就如同一张陌生的面孔,版式精美,自会让人初次相见就赏心悦目。长期积累的经验告诉我们:段落之间要空一行,图片的位置要讲究,首行不缩进,行行对齐,字号不要太小(一般是 15 号字),字体不要太多等细节十分关键。

(五)标注重点

IT 时代,喜欢传统阅读的人会去书店选择纸质书,在手机上阅读的人大多数都是浅层次快速阅读。标注出重点的必要性在于,进一步减少手机用户对大段文字的心理阴影面积,但要注意全文颜色不要超过三种。

四、数据引路,驱动分享与增长的秘密

大数据时代,所有用户的行为轨迹都可被寻址和数据化。微信公众号的每一次互动也都会以数据的方式被记录下来。因此,完全可以借助分析后台数据得出哪一项服务最受欢迎,哪一类事件可以使粉丝数大量增长,用户最愿意分享哪一类文章。

2018 年 4 月 5 日清明节当天,河北交通广播微信菜单"高速路况"的点击量达到了 93,227 次,位居所有服务菜单点击量第一位,可见用户对高速出行极为关注。这便提示我们,今后可在这一方面下足功夫,做足文章。

大数据显示,微信图文消息阅读量超过 50 万的前五篇文章中有四篇与限行限号有关,据此可以得出用户对限行限号的消息关注度更高的结论,今后更应该加强这类信息的编辑推送。

2017 年因图文消息《今天你被堵了吗? 992 这回把堵车拍出大片即视感》单篇增粉 15,105 个,可见堵车是所有人出行的痛点,而原创则鼓励了分享。专门针对分享的数据分析显示,分享量高的文章在带来阅读量大幅提

升的同时,也会带来粉丝数的快速增长。那么,什么样的文章会带来高分享数据呢?分析发现,内容多集中在这样几类。

①主题积极,让用户感到兴奋。例如,《刚刚,全国文明城市名单发布!河北6地上榜!》被分享4,231次。

②内容震撼,让用户感觉紧要重大。例如,《三种病毒轮流攻击,医院人满为患!省疾控紧急发布……》被分享8,291次。

③内容鲜活,让用户觉得自己消息灵通。例如,《交警提示:别再扎堆处理交通违法信息了!》被分享18,262次。

④内容切近,让用户觉得实用和新奇。例如,《又到喝喝喝的节日了,但喝酒千万别吃这些菜!会中毒!》被分享2,756次。

简而言之,微信公众号的每一次小动作都可以用数字的方式进行分析,如"河北交通广播"183万+的粉丝,以性别来划分,男女比例达到2.5∶1。这就提示我们,选题完全可以更贴近男性用户的需求,例如交通、汽车、突发新闻等。如果以地域属性来划分,省会石家庄的用户达到109万+,数据印证了为什么涉及石家庄的消息更容易突破10万,这就提示我们,在服务、内容方面应该对省会区域新闻倾注更大的耐心和热情,而这也说明我们对其他城市关注度不够,还有很大潜力可挖。

五、速度为王,但真实是灵魂

移动传播时代,"首发平台、速度为王",但新媒体时代,消息满天飞,而且时不时会来个惊天大逆转。所以对于传统媒体生长出来的新媒体,我们更是牢牢把握住了真实、权威、信任这一生命线。

社交网络的崛起,极大地降低了公众表达爱心、参与公益、传播消息的门槛和成本,能用一个简单的转发动作帮到别人,使大家乐于如此,正如人们常说的"正能量"。"高雅各有不同,低俗却惊人地一致",面对自己不熟悉的领域和事物,精英人群和草根用户没有本质不同。所以我们经常会收到各种朋友圈转发、群发的消息,真假难辨。为此,腾讯微信官方专门推出了"微信安全中心",不定期发送辟谣消息。对于这些消息,"河北交通广播"微信公众号更是付出了极大的精力和耐心去印证、去核实,以保证信息传递的真实。我们经常自嘲说,我们就是全省听众的"碎催",但是我们也知道,只有大家信任你了,你才会被大家认为是权威。

由于过去传统媒体对新闻资源的垄断,因为权威,所以被大家信任。而现在媒体已经不能垄断新闻资源,从权威到信任的关系正在发生反转。当今时代,新媒体群雄并起,各领风骚以"天"计,我们懂得学习的重要,也深知分享的意义,唯愿与业界同人一起,勠力同心,砥砺前行,用加倍的努力去赢取更大的成绩!

第十四章　辽宁交通广播:"杀价帮",一个多赢的整合营销案例

近年来,随着媒体融合的日渐深入,传统媒体在营销活动中越来越注重新媒体,特别是两微一端的信息传播能力,通过对信息和渠道的整合,将信息以更高效的形式传播到受众和目标用户。借助这种整合营销,传统媒体策划的商业活动完成扩大覆盖范围的目标。

2015 年 4 月,辽宁交通广播为了适应广告市场的变化和汽车销售市场的需求,开始策划和运作汽车团购活动,辽宁交通广播给这个活动起了个名字,叫"975 汽车杀价帮"。到 2018 年 3 月末,"975 汽车杀价帮"一共做了 30 场。团购车型有奔驰、宝马、奥迪、路虎、日产、本田、现代、宝骏、五菱等,有合资品牌,也有自主品牌,覆盖德系、日系、韩系、欧美等共计 23 个汽车品牌。30 场"杀价帮"总成交额达到 11 亿元,成交量 5,124 台。单场最高成交量 1,068 台,成交额 1.4 亿元。

2017 年底,辽宁交通广播还在"975 汽车杀价帮"的基础上,与国内知名会展集团——百瑞国际合作,举办了一个大型车展——"975 汽车嗨购会"。"嗨购会"汇集了上百个汽车品牌,参展车型 300 多款,基本覆盖了市场上在售的绝大部分车型。两天展会吸引了 3 万多人参观,销售总额近 4 亿元,销售汽车 3,100 多台。

截至目前,辽宁交通广播探索了两种类型的汽车销售活动,总共做了 31 场。这 31 场活动,对辽沈地区的广告市场和汽车销售市场起到了一定的搅动作用。最关键的是,这些活动是听众、汽车经销商、广告代理公司和辽宁

交通广播四方受益,这种多赢的局面也是传统媒体搞经营做活动一直追求的目标。这其中,推动多赢活动成功的首要手段就是整合营销。

一、"975汽车杀价帮"如何做局

广播媒体的团购活动主要对象是听众。因为听众对媒体的信任和对主持人的喜爱,团购活动具备先天的信誉优势。所以,在"975汽车杀价帮"的活动策划中,需要一方面抓实团购车型的低价,另一方面放大主持人的明星效应以增强活动的信誉度。

(一)低价策略

"杀价帮"活动合作商家可以是一个4S店,或一个汽车销售集团的若干品牌车型,也可以是一个品牌。在意向洽谈时,关于团购价格我们对合作商家提出三个条件:①活动期间,商家所有车型价格必须是市场最低价;②与合作商家议定两个最畅销的车型,给予市场价格每台至少3,000元以上的优惠;③活动结束一个月之内,保证听众买贵找差价。

价格是我们与商家合作的前提,更是保证活动成功的关键。想要合作"入帮",就必须认可"杀价帮"的"帮价"。以上三个原则基本可以保证"低价策略"落到实处。

(二)活动宣传

2005年,辽宁交通广播开办了第一档汽车节目《动感车世界》。十多年来,以"专业专心"为节目定位,真实客观地为听众解答了大量用车咨询,节目收听率一直遥遥领先。因为多年来节目的品牌积累,当主持人从线上走到线下,在销售市场振臂一呼便应者云集。历经多年,汽车节目在汽车行业打造了频率在听众市场的权威性,这成为市场化活动的立足之本。

虽然"975汽车杀价帮"是以全频的名义命名,但在活动宣传上,我们并没有在全天节目中轰炸播出,而是以《动感车世界》节目为主要宣传平台,以男女主播搭档"动车组合"代言,每个活动的宣传周期为一周。形式包括短音频硬广,每天三次口播广告和活动前一天车企嘉宾参与直播解答听众咨询。作为市场化活动,合作商家都是广告代理公司的客户,活动宣传全部利用代理公司的广告资源,几乎不占用节目资源。

经过活动前一周在线上逐步释放优惠政策,在口播稿件中随时公布与商家价格谈判的进程,完成了活动之前在节目中的杀价,此时各类车型价格已经基本探底。

(三)现场氛围

调研了汽车销售规律后,我们将"杀价帮"的活动时间定在周六下午 2 点。活动之前一小时就两个热点车型在幕后与商家进行最后一轮杀价,此时现场听众进场,而商家方面除了销售老总之外任何销售员都不知道最终优惠价格。在期待中,听众的兴奋点调至最高值。

活动正式开始,在舞台上,主持人和商家代表要把之前的幕后杀价环节真实地演绎出来。很多商家受现场气氛影响,往往会给出比之前更加优惠的政策。真实、热烈,氛围的营造促使更多犹豫不决的意向购车者当场签约。

除此之外,每场活动务必要由商家准备抽奖礼、进店礼、订车礼等各项大礼,进一步加大活动优惠力度。

以下为"975 汽车杀价帮"现场标准流程(一小时):

活动前一小时

热场签到;听众扫二维码;放热场音频;垫场文艺节目;助理主持开场,介绍当天活动。

活动期间

(1)14:00—14:05 交通广播主持人出场、致辞。

(2)14:05—14:15 车企领导宣讲活动政策。

(3)14:15—14:50 现场礼品秒杀,车型砍价。

①第一轮礼品秒杀,通过电话或微信竞取秒杀礼品,3 人获奖。

②主持人与销售老总进行第一款车型砍价。

③第二轮礼品秒杀,通过电话或微信竞取秒杀奖品,3 人获奖。

④主持人与销售老总进行第二款车型砍价。

(4)14:50—14:55   主持人公布全系其他车型价格政策。

(5)14:55—15:00   公布订车相应优惠政策,现场活动结束。

二、"975 汽车杀价帮"如何营销

整合营销把广告、促销、公关、直销、企业形象识别(CI)、包装、新闻媒体等一切传播活动都包括在营销活动的范围之内,同时将活动的整体信息一体化地传递给受众。作为广播媒体的市场化活动,整合营销中众多传播手段的根本是媒体的自身权威性。

用媒体多年来积累的权威性汇集听众参与,同时避免活动消费媒体的权威,这是活动策划运营中需要时刻注意的。

(一)充分利用频率和品牌节目的公信力和影响力

辽宁交通广播的《动感车世界》节目开办十多年来,始终以整车咨询为主要内容,主持人亲切自然的风格赢得了听众的信赖。十多年来,围绕节目的各类活动属于试乘试驾、自驾旅游等公益类型,注重参与听众的感受。经过十多年来的经营,频率积累了一批汽车专业粉丝和爱车听众。

2015 年,频率节目改版,增加了一档以修车养车为主的汽车后市场节目《975 车友圈》,节目主播在有车听众中颇受欢迎。考虑到目前很多家庭想购买第二辆汽车,我们将两档汽车节目的男女主播组成一个"动车组合"作为活动代言,影响力全面覆盖有车和无车家庭,充分放大了频率及主播的明星效应。

(二)做实活动的公信力,持续维护媒体的品牌信誉

"975 汽车杀价帮"策划之初,定位就是:作为市场化活动,"杀价帮"首先要保证这是广播给听众的购车福利,参与"杀价帮"活动买车必须比其他渠道买车便宜。在商家的选择、价格谈判,以及活动执行过程中,采用前期调查、听众信息反馈等多种形式,以保证团购汽车的低价格。活动前一周的线

上宣传期间,我们要求商家把优惠价格在媒体上明确公布。如果价格幅度不够大,其他同品牌经销商会迅速降价来争抢客户。在2016年12月的活动中,合作商家在广汽本田的车价上最初有所保留,随后的宣传中出现了具体价格,同城的其他商家快速反应,第一时间打出了更低的车价。市场的变化就在一天时间,合作商家被迫一次降价,价格低至其他同品牌经销商无力再跟。价格公开透明保证了市场的充分竞争,"杀价帮"当场成交量最高的历史就是在那场活动中创下的,销量1,068台,总成交额1.4亿元。除此之外,"杀价帮"团队会在听众下单签约之后一直跟踪到提车、上牌,让听众购车全程无忧。

通过30场活动,我们帮助5,124个家庭实现了他们的有车梦想,从未收到过一次投诉。广播从线上延伸到线下,以专业精神为听众争取最大优惠,一点一点积攒频率和活动的口碑。

(三)综合考虑更多听众的点滴需求

参与活动的听众可以细分为三种类型:一类是有强烈的购车意向并且已经对想要购买的车型有了初步的想法;一类是近期考虑买车,但对价格政策尚不了解;还有一类是没有购车意向,但是对该车型感兴趣。

针对这三类听众,活动策划兼顾价格、娱乐、信息等多方面内容,从线上到线下,车型低价、车型分析、现场抽奖等不同环节照顾不同听众的需求。

(四)用不同的传播形式达成与听众的有效沟通

全天短音频滚动达到全覆盖效果。《动感车世界》节目中,主持人口播详细解读车型及价格。《975车友圈》节目中商家连线,活动前两天合作商家代表在来直播间现场与主播杀价的同时解答听众咨询。

新媒体上,辽宁交通广播的官微每天上午专门推送《975微汽车》,全方位介绍活动销售的重点品牌和车型。《975微汽车》的主要粉丝是有购车意向的听众和汽车经销商,这个目标人群更精准。《975微汽车》里的"小马尬车"单元推送新车测评视频。

线下,商家店面和其他宣传媒介同时推介活动。

(五)统一元素,强化整合营销中的听众感受

为了充分实现整合营销的效果,我们组织协调各个传播渠道。每一场"杀价帮",我们都力求广播与官微同步,线上与线下勾连,利用新媒体对广播的功能补充、传播延伸、用户盲点位置扫描。不同的宣传媒介分属于辽宁交通广播和合作商家,为保证听众的感受,我们要求各媒介的宣传达成三个统一:①统一活动名称和标识,客户不能以自己品牌的名义对内对外进行宣传;②所有媒介中,活动的主题板设计一致,客户在其他媒体、自媒体宣传,包括店内摆放要统一;③杀价车型政策在不同媒体以及店内销售,要同步公示。

"杀价帮"的活动策划团队并非只进行广播媒体的文案设计,而是在市场、销售和宣传等诸多方面进行全案设计。每场活动之前的碰头会上,客户列出所有优惠车型和政策,以及能提供的周边福利,策划人员要在客户提供的支持与他们的销售目标之间搭建一个桥梁。这要求策划人员不仅要懂车,还要懂销售、懂市场。目前,由两位主播和一个专职策划组成的汽车杀价三人组,在汽车销售领域已经成了半个专家,创下了很多销售奇迹。

案例 1:

在沈阳,每年的国际车展是销售的旺季,经销商都会在车展上攒足了劲,放价卖车。2015 年,我们与一家新开业的宝马 4S 店合作,说服其在车展同时做"杀价帮",以一家媒体团购 PK 国际大车展,经过两次谈判,犹豫再三,最后商家选择信任我们。

现场活动定在车展的倒数第二天。事先我们请听众在车展各家经销商之间询价,宣传重点强调保证"杀价帮"价格比车展任何一家价格更低,让听众等待"杀价帮"现场杀价。同时说明,如果有听众担心"杀价帮"当天车价并不令人满意,车展还有一天,完全来得及回到车展去签约。

当天 400 名听众离开会展中心驱车 30 公里涌向"杀价帮"现场,新开业的这家宝马 4S 店第一次迎接这么多的客户,总经理当

场给出特别优惠,一举创下一小时卖出98台宝马的奇迹。据宝马沈阳区域统计,在当次六天的国际车展上,其他五家参展宝马店的总销量还不足30台。我们这个团队在汽车销售上的策划能力,大大超出这家宝马4S店的预期。

案例2:

2017年12月的"975汽车嗨购会"宣传周期是半个月,我们在线上和线下同时启动宣传。在官微上通过口令红包免费送给975粉丝价值20元的门票,线上线下报名免费乘坐观展大巴,现场放送4,000个水杯,主持人代言品牌及现场互动,975主播照片台历签赠等,这些活动热点逐一释放,每个热点都充分燃烧,最后形成营销热度。

三、"杀价帮"如何估价

(一)媒体品牌更亮丽

我们最初策划"杀价帮"时,出发点是:这是辽宁交通广播给听众的福利。所以我们在商家的选择、价格谈判,以及活动执行过程中紧盯价格。30场活动下来,我们帮助5,000多个家庭买到他们满意的汽车,从未接到过一次投诉。可以说,我们为听众争得了实惠,更为我们自己争得了口碑。通过"杀价帮"这个商业活动,我们实现了频率品牌推广和活动品牌塑造双重目的。

(二)队伍更专业

现在的客户在广告投放上出现从品牌导向转向销售导向的趋势,这就要求我们拿出好的活动创意和策划,为客户的销售助力。

经过30多场活动,我们的两位汽车主播的汽车专业性更强,市场更认可,听众更信赖。"杀价帮"的销售奇迹,让辽宁交通广播的汽车杀价三人组成为辽沈汽车销售解决方案的代名词。

(三)市场更认可

因为"杀价帮",我们辽宁交通广播在广告市场,尤其在汽车行业的影响力明显提升。因为特殊的原因,"杀价帮"推出前,辽沈五大汽车销售集团没有一家与我们的代理公司合作,现在四家有投放,其中一家公司2019年就投放了200万元。可以说,我们用"杀价帮"夺回了一个行业。

(四)听众更关注

"杀价帮"使我们辽宁交通广播的听众得到了实惠,买了车的已成为我们的铁杆粉丝,想买车的天天关注975,就怕错过时机。现在,在辽沈地面,只要975辽宁交通广播吆喝一声,基本都能看到彩旗招展、人山人海的场面。

总之,媒体竞争日益激烈的今天,市场化活动的运营和新媒体融合之路才刚刚开始。以听众利益为核心,优化统一宣传为重点的整合营销,必将给广播带来更多的市场效益。

第十五章　青岛交通广播:智慧交通发展中城市交通广播不可缺位

智慧交通是在智能交通的基础上,在交通领域里充分运用物联网、云计算、人工智能、自动控制等技术,对交通管理、交通运输、公众出行等方面以及交通建设管理过程进行管控支撑,使交通系统在整个城市甚至更大的时空范围内具备感知、互联、分析、预测、控制等能力,提升交通系统运行效率和管理水平,为公众出行和经济、社会发展服务。

近年来,车联网、车载电脑等车载系统愈发智能化,地图导航软件可实时更新路况,交警部门也开始通过官方微博、微信公众号等自媒体手段发布信息。表面上看,城市交通广播在路况、车载娱乐等方面的用途越来越小。然而,智慧交通并不能完全交给机器和数字模拟技术,而是要符合人性特点,尊重区域文化和人文特色,参照区域地理交通情况,形成符合驾乘人出行特点的全方位要求,这才是真正的大智慧。正是由于公众对于智能交通的要求越来越高,城市交通广播的作用才更加凸显。

一、城市交通广播为智慧交通提供数据和保障

(一)城市交通广播具有天然的地缘优势和文化优势

经过20多年的积淀,交通广播对城市交通的规划、运营、变迁和交通管理方式、管理文化以及管理对象的习惯、特点、出行规律、出行方式和出行态度等有了更深入的了解,在参与智慧交通建设方面具有天然的地缘优势和

文化优势。比如,青岛的道路特点是坡路多、路面狭窄,所以城市里大量的主干路都是单循环道路,青岛也是全国最早实行交通循环调流的城市。另外,青岛很少采用自行车和摩托车等交通工具,并且城市的东西交通和南北交通潮汐分明,出行人群分类明显。这些形成了青岛特色的交通信息,而且这些信息不是靠技术和设备可以采集到的,必须进行人与人的信息交流,这样采集到的信息才具有贴近性和真实性。

(二)城市交通广播是权威的交通信息平台

城市交通广播长年深耕区域性传播,积累了大量的听众和粉丝。作为交通参与者,城市交通广播能够多渠道、高密度、广覆盖地传递交通实时状况,提供更具时效性、指导性和服务性的交通数据。传统的交通广播播报路况模式是从导播间到直播间的单向传播,随着新媒体技术的发展,交警直播室、新媒体两微一端、导播间热线电话三个方面带来的海量路况信息和直播间形成了传播合力。

以青岛市广播电视台交通广播为例,其拥有完整的新媒体传播链,官方微博、微信和手机客户端全面发展,各有特色,形成了载体多样、渠道丰富、覆盖广泛的移动传播矩阵。青岛交通广播官方微博目前拥有粉丝280多万,官方微博一直与粉丝保持高密度的互动,青岛本地网友遇到特殊路况已经习惯于联系青岛交通广播。微博、微信、客户端、热线电话、交警直播室的多渠道信息收集,形成了青岛交通广播的交通路况信息流。这些信息的特点是速度快、角度多、可比对性强。目前青岛交通广播每天获取的交通路况信息有上千条,为了更好地梳理和指导人们出行,青岛交通广播在内部建立了一整套信息聚合、整理、疏散、滚动发布机制,使得交通信息不只是客观上提供有效的出行服务,而更具有可交流的人文特点和便于翻阅、吸引浏览的赏析性质。

(三)城市交通广播为智慧交通提供多种形态的信息和服务

城市交通广播交通信息全媒体、多角度更迭,全方位覆盖,形成了图、影、声的多种形态和多种形态服务,为智慧交通更好地发挥作用提供支持。

青岛交通广播在客户端打造社区功能，用户不仅可以与路况信息提供者通过语音和文字交流，还可以主动咨询相关路线情况，管理员、导播或其他用户都可以回复该询问，客户端通过互助增强了用户黏性。

多媒体运用的最大特点就是，不再是简单地把文字变成声音播报，而是双向间多媒体样态互动。听众可以通过影像、声音或者绘画、表演等方式参与交通信息的提供，同样可以接收到整合后的多样态交通信息。这些信息的通道不同，呈现效果也不一样，更具有针对性。目前，青岛交通广播的视频出行指导和方言音频出行指导已经成为常态方式，区域粉丝和听众成为信息交互的主要信息流来源。

(四)城市交通广播为智慧交通提供大数据服务

首先，在诸多分散的、彼此独立的用户之间，广播起到引导和协调作用。作为广播听众的用户，既是受众也是交通信息的提供者，广播既播报路况又上报用户反馈信息，客户端在整合路况大数据的同时，也核实验证并生成更准确的实时路况信息。其次，用户在日常使用客户端的过程中，会沉淀大量驾驶数据和交通数据，其中蕴藏的交通规律、社会现象、群体行为特征等信息都极具参考价值。最后，可以挖掘有价值的人物故事或群体故事，将大数据还原为生动的节目内容传递给社会。

交通广播关注、关怀交通大数据中每一个具体的驾驶者，把人、车、路、手机、广播和生活联结起来，让人们享受更安全、顺畅、便利、文明、舒心的驾驶生活。2018年上海合作组织青岛峰会期间，青岛交通广播发挥自身优势，与交警密切配合，通过多种手段，第一时间发布、解读各项临时性道路交通管理措施，如直播间随时插播提示，导播间及时答疑解惑，官方微博不断发布最新消息，客户端、微信及时编发推送，并在微信公众号底部菜单栏开设"限行通知"专区以及关键词回复等，得到广大市民和网友的点赞。

二、城市交通广播推动智慧交通向智慧服务纵深递进

（一）城市交通广播可借助多种技术手段,将交通信息流生成、运用在更多的互联网端口,更好地实现智慧服务

如前文所述,庞大的听众群、用户群为城市交通广播提供高密度、广覆盖的实时路况信息,形成交通路况信息流。多数情况下,这些信息为单一信息流,内容单薄,功效不强,如某时段某路段发生车辆拥堵,可能不到十分钟,该路段就已经被疏通,这条信息就宣告作废。然而这样一条看似无用的信息,在大数据环境中却可以很好地发挥作用。对于青岛这样一座人口接近千万的城市而言,每天的流量数据相当大,单一分析一个时间点或一天的数据可能没有相关的价值,而分析一个周期的数据趋势会更有价值。根据交通流量数据呈现的趋势变化,可以很好地帮助交通管理部门进行交通设施调整、交通前置规划等。

未来城市交通广播可以与从事智慧交通大数据开发的企业进行深度合作,将每天海量的零散信息转化为精准算法的大数据,升级智慧交通格局。交通广播通过大数据挖掘历史、把握现在、预测未来,创造一个多维的智慧交通新图景,实现物联网、数据挖掘、深度学习等大数据力量在交通全领域、全维度的渗透应用。

（二）城市交通广播可与地图导航供应商合作,让智慧交通的宏观调控与微观指导更具有区域特点

目前,高德地图、百度地图等手机地图导航软件均与城市交通广播有合作,提供路况分析等服务。未来城市交通广播应与地图导航供应商展开深度合作,从大数据角度着眼发展商业模式。现在的地图导航应用已经在某些方面进行交通状况监控和信息发布,方便了驾驶者的路线选择,但是这仍然是一种事后分析和处理机制。好的智能导航和交通流引导系统一定是基于大数据的技术验算、智能导航和趋势分析预测,可以为每辆车提供最好的

导航路线,并且能提供当下的各种即发状况以及所关联的车与人的具体情况。目前,这些综合数据的采集还远远不足,如果仅仅依靠技术手段,不仅做不到,也缺乏柔性和温度。在未来的多样采集中,数据中应该附加更多的交通广播提供的信息,延伸信息背后的人文色彩。这种"互联网+"的模式,给了交通广播更大的生存空间。

(三)城市交通广播与智慧交通联网的可操作性

基于对城市出行者的了解,城市交通广播可以与智慧交通联网,参与各种交通出行方式的数据采集、动态分析,帮助各职能部门更加轻松有序地实现交通管理。交通广播对单一的流量、流向数据进行动态分析仅仅是一个方面,大数据往往更加强调相关性分析。比如,在某一个时间段内公交流量和流向数据发生趋势变化时,这个趋势变化究竟和哪些潜在的大事件相关联?外在因素有哪些相关性?发现相关性的过程往往是从果寻因的过程,否则很难精准导推。例如,青岛举办啤酒节,依据某个路口的车流量分析,可以推测出啤酒节的消费量、城市旅游的接待量、接待能力的饱和度等相关数据,并对未来一周、一个月相关路段的车流量进行分析判断,从而能够更合理、更轻松地调度交通运行。青岛市的地面交通比较复杂,同时海上交通、空中交通与路面交通形成立体化交通网,这个大维度的交通领域更加需要智慧交通的服务引导。

综上所述,城市交通由智能交通向智慧交通的发展是一种必然趋势。这个过程中,城市交通广播及其新媒体应该充分发挥自身优势,通过提供海量的大数据,成为互联网、物联网的优质服务商。在此,交通广播不但不能缺位,反而大有可为。

后 记

2016年，中国传媒大学广播产业研究所所长潘力教授及其带领的课题组承接了国家新闻出版广电总局部级社科研究项目"中国交通广播发展现状、问题与对策研究"。课题组经过两年多调研、写作，数易其稿完成了研究报告，并在此基础上修改出版本书。

首先感谢中国广播电影电视社会组织联合会会长张海涛、副会长王求、秘书长吕松山等领导及中国广播电影电视社会组织联合会各部门领导和老师对研究工作的积极指导和大力支持。他们在研究选题立项、框架结构设计、研究方法运用及案例选择以及项目管理等方面给予了积极支持和帮助，并提出了许多宝贵的意见和建议。

感谢中国传媒大学党委书记陈文申、校长廖祥忠及各位校领导对广播产业研究所工作的指导和支持。

感谢中国传媒大学图书馆馆长、传媒博物馆（校史馆）馆长、广播产业研究所所长潘力教授。他身兼数职，承担着"三馆"繁重的管理工作，作为研究生导师又有大量的教学科研工作，但一直投入大量时间和精力参与研究计划设计、实地调研，并对书稿提出了许多宝贵的修改意见和建议。

本书凝结了众多同仁的心血和智慧，具体分工如下：

第一编第一、二章由高永亮、陈常松（中国传媒大学新闻学院2016级硕士生）执笔，第三、四章由高永亮、李文静（中国传媒大学新闻学院2017级硕士生）执笔；

第二编第五章由高永亮、李珧（中国传媒大学新闻学院2015级硕士生）

执笔，第六章由高永亮、唐子晴（中国传媒大学新闻学院 2015 级硕士生）执笔，第七章由高永亮、赵若郡（中国传媒大学新闻学院 2015 级硕士生）执笔；

第三编第八、九、十、十一、十二、十三、十四、十五章执笔分别为：仇檀（北京人民广播电台），丁芳（上海交通广播），陈浩夫（广东广播电视台羊城交通台），刘述平（贵州交通广播），陈前（湖北广播电视台交通广播部），边宇峰（河北广播电视台交通广播），王伟、孙培杰（辽宁广播电视台交通广播），宫静、李洋（青岛交通广播）。

全书由高永亮统稿。中国传媒大学新闻学院 2017 级硕士生吴昊、2018 级硕士生杨博雅承担了资料收集和书稿整理编辑工作。

在此向他们致以诚挚的谢意。

感谢中国传媒大学出版社领导及编辑对本书出版给予的大力支持。

由于水平有限，本书一定存在许多不足，恳请读者指正。

本书编写组
2019 年 3 月

图书在版编目(CIP)数据

智媒时代中国交通广播发展研究 / 高永亮主编. --北京：中国传媒大学出版社，2020.8

(新时代传媒创新书系)

ISBN 978-7-5657-2729-0

Ⅰ.①智… Ⅱ.①高… Ⅲ.①广播工作－研究－中国 Ⅳ.①G229.2

中国版本图书馆 CIP 数据核字(2020)第 109278 号

智媒时代中国交通广播发展研究

ZHIMEI SHIDAI ZHONGGUO JIAOTONG GUANGBO FAZHAN YANJIU

主　　编	高永亮
责任编辑	王　硕
特约编辑	张　蕊
封面设计	风得信设计·阿东
责任印制	李志鹏

出版发行	中国传媒大学出版社	
社　　址	北京市朝阳区定福庄东街 1 号	邮编:100024
电　　话	86-10-65450528　65450532	传真:65779405
网　　址	http://cucp.cuc.edu.cn	
经　　销	全国新华书店	
印　　刷	北京玺诚印务有限公司	
开　　本	710mm×1000mm　1/16	
印　　张	12.75	
字　　数	202 千字	
版　　次	2020 年 8 月第 1 版	
印　　次	2020 年 8 月第 1 次印刷	
书　　号	ISBN 978-7-5657-2729-0/G·2729	定　价　68.00 元

版权所有　　翻印必究　　印装错误　　负责调换